Über die Autorin:
Marion Küstenmacher ist erfolgreiche Autorin und gemeinsam mit ihrem Mann Chefredakteurin des Beratungsdienstes simplify your life®.

Marion Küstenmacher

Der Seele einen Garten schenken

66 Meditationen über die Natur

Besuchen Sie uns im Internet: www.droemer-knaur.de
Alle Titel aus dem Bereich MensSana finden Sie im Internet unter
www.knaur-mens-sana.de

Vollständige Taschenbuchausgabe März 2010
Knaur Taschenbuch. Ein Unternehmen der Droemerschen Verlagsanstalt
Th. Knaur Nachf. GmbH & Co. KG, München.
Copyright © 2004 Pattloch Verlag GmbH & Co. KG, München
Alle Rechte vorbehalten. Das Werk darf – auch teilweise –
nur mit Genehmigung des Verlags wiedergegeben werden.
Textnachweis: Das Zitat von Sarah Ban Breathnach, S. 96, stammt aus
ihrem Buch *Einfachheit und Fülle. 365 Schritte zum vollkommenen Leben*,
Goldmann Verlag München 1995, S. 362
Umschlaggestaltung: ZERO Werbeagentur, München
Umschlagabbildung: Corbis / Steve Terrill
Bildnachweis: Maja Bittner S. 11, 157, 185, 205;
Pigsel-Express / Liane Malsi S. 141;
Walter J. Pilsak S. 45, 69; Hans Reinhard S. 15, 79, 119, 163, 171
Satz: Hartmut Czauderna, München
Druck und Bindung: CPI – Clausen & Bosse, Leck
Printed in Germany
ISBN 978-3-426-87466-0

2 4 5 3 1

Inhalt

Gartenträume oder Was die Seele aufblühen lässt
und heilt 9
Ahorn oder Die Wiederentdeckung des Eigenen 12
Akelei oder Die Trinität als Kunstwerk 14
Ameisen oder Die Wärme der Heiligen 18
Apfelbaum oder Spirituelles Reifen 21
Bank oder Die gelassene Anschauung Gottes 24
Bienen oder Das Sammeln des Unsichtbaren 27
Birke oder Das Charisma des Loslassens 30
Blumentöpfe oder Vom Nutzen des Zerbrochenen 33
Brennnessel oder Aggression und Abwehrkraft 35
Buche oder Pilgern wie ein Baum 38
Efeu oder Immergrünes Altern 41
Esche oder Leben im Kraftfeld Gottes 43
Farn oder Lob des Schattens 47
Feuerdorn oder Im Leiden wachsen 50
Flieder oder Die Zärtlichkeit des Augenblicks 53
Frost oder Innehalten im Vakuum 55
Gänseblümchen oder Vom Trost der kleinen Dinge 58
Gartenarbeit oder Der Dialog mit dem Notwendigen .. 61
Garten Eden oder Wachstumschancen der
Erkenntnis 64
Geißblatt oder Umschlungen von Liebe 67
Gethsemane oder Die Einsamkeit Gottes im
Menschen 71
Gießkanne oder Die vier Arten, seine Seele zu
wässern 74

Glockenblume oder Die mystische Stille 78
Glühwürmchen oder Der Tanzboden der Schöpfung ... 81
Graben oder Sakramentales Basiswissen 83
Gras oder Wachsende Zuneigung 86
Grün oder Umschlossen von Liebe 88
Hagebutte oder Die Würde der späten Dinge 91
Herbstlaub oder In Schönheit loslassen 93
Holunder oder Das Gesetz der Freundlichkeit 96
Hyazinthe oder Das Lachen des Heiligen Geistes 99
Jahreszeiten oder Die Freude über dem Herzen 102
Klee oder Wo das Glück wächst 105
Kompost oder Der Mist in unserem Leben 108
Kürbis oder Die Mathematik der Maßlosigkeit 111
Löwenzahn oder Der Pionier im Weiten Raum 114
Madonnenlilie oder Reinheit als Geistesgegenwart 117
Mohn oder Geschwister der Dankbarkeit 121
Moos oder Die Kompetenz der Einfachheit 124
Narzisse oder Erleuchtete Beziehungen 127
Nebel oder Fülle und Nichts 130
Pikieren oder Schöpferische Einsamkeit 133
Rittersporn oder Der Wohlgeruch Gottes 136
Rose oder Das Siegel der Verschwiegenheit 139
Samentütchen oder Die Multiplikation der
  Wandlung 143
Schere oder Der Schmerz der Beschneidung 146
Schmetterlinge oder Extravaganz ist ein Name
  Gottes 149
Schneeglöckchen oder Heilige Schlaflosigkeit 152
Sonnenblume oder Die Wechselseitigkeit des
  Erkennens 155
Spinnweben oder Das Netzwerk des Bewusstseins 159
Steinbrech oder Vertrauen und Stehvermögen 162
Tau oder Die fließende Perle der Gnade 166

Tränendes Herz oder Das Sakrament der Tränen 169
Tulpe oder Die Spekulation Gottes 173
Unkraut oder Radikale Ehrlichkeit 176
Vergissmeinnicht oder Der Teppich der
   Barmherzigkeit 179
Wachsen lassen oder Die Geste des Wartens 181
Wasser oder Strömungsmuster der Seele 184
Weg oder Die mystische Mobilmachung 188
Werkzeug oder Die verborgene Ganzheit 191
Wind oder Die Farbe der Erneuerung 194
Wolken oder Nichtwissen, Bejahen, Bezeugen 197
Wurzeln oder Nach unten wachsen 200
Zaun oder Das Geschenk der Grenze 203
Bist du der Gärtner? oder Die Auferstehung der
   Seele 206

Gartenträume

oder Was die Seele aufblühen lässt und heilt

*Stellen Sie sich Ihren Traum-Garten vor.
Wie auch immer er aussehen mag,
lassen Sie in Ihrer Vorstellung etwas Platz frei,
damit Sie neue Samen säen können,
und etwas Raum, damit die Engel spielen können.*
TERRY L. TAYLOR

Ein chinesisches Sprichwort sagt, dass das Leben mit dem Tag beginnt, an dem man einen Garten anlegt. Unabhängig von der Größe ist jeder Garten ein Stück natürlicher Lebensraum, ein Bild für die Fülle des Lebens überhaupt. Gärten helfen auf wunderbare Weise, Lebensgefühl und Daseinsfreude zu steigern. Arbeiten, essen, sich ausruhen, spielen, mit Tieren und anderen Menschen zusammen sein, Gespräche führen, zuhören, schweigen, nachdenken, sogar schlafen, beten oder meditieren – all das ist im Garten möglich. Zum Glück spielt es dabei keine Rolle, ob Sie ein passionierter Gärtner sind, der viel Zeit und Geld in den Garten steckt und unermüdlich eigene Ideen umsetzt, oder ob Sie Ihren Garten lieber naturnah haben, frei nach dem Motto »leben und leben lassen« …

Ganz gleich, zu welchem Typus Sie sich rechnen – fleißige wie lässige Gärtner wissen im Grunde ihres Herzens, dass sie im Garten von geheimnisvollen und heilsamen Kräften umsorgt werden. Dazu brauchen Sie nicht einmal einen eigenen Garten zu haben! Es genügt, sich irgendwo von einer Blume, einem Baum oder einem Stein ansprechen zu lassen. Wenn dabei etwas in Ihnen aufblüht, haben Sie den Weg in Ihren inneren Traum-Garten schon gefunden. Er ist unerschöpflich, von unendlicher Schönheit und ein wunderbarer Raum, um sich selbst und Gott zu begegnen. Ein Raum, »in dem die Engel spielen können«.

Während ich an diesem Buch schrieb, habe ich voller Staunen gemerkt, wie viele Dichter und Mystiker direkt aus ihren innersten Seelengärten zu uns sprechen. Sie kommen deshalb mit ihren wunderbaren Gedanken immer wieder zu Wort, wie gute Freunde, die man gerne zu sich einlädt. Sie alle haben mich gelehrt, »mit der hellen Geduld der Liebe die grüne Sprache zu lernen«, wie die Dichterin Rose Ausländer einmal sagte.

Ich hoffe, dass dieses Buch Sie beim Lesen dazu inspiriert, dem Zauber der Blumen und einfachen Dinge im eigenen Traum-Garten nachzugehen. Es gibt nichts Schöneres, als sich dabei vom Schöpfergeist überraschen zu lassen. Ihnen allen und meinen Kindern Simon, Lukas und Sophia widme ich dieses Buch – mit dem Wunsch, dass in unseren inneren Gärten immer Engel spielen werden.

Ahorn

oder Die Wiederentdeckung des Eigenen

*Ich werde den Ahorn wiederfinden.
Einmal, am Ende der Tage,
wird es sein, dass ich zu ihm sage:
Ahorn – wo warst du so lange?*
INA SEIDEL

Merkwürdigerweise ist der Ahorn ein in der Pflanzenmythologie unbesetzter Baum. Weder in den Naturreligionen noch im Christentum oder im Volksglauben hat er eine Rolle gespielt. Dabei ist er widerstandsfähig, geradlinig, aufrecht und eine besonders auffallende Schönheit, wenn er sein Haupt in Gelb, Orange oder Rot für den Herbst entflammt. Keinem Gott oder Heiligen oder Dämon geweiht, hat er es geschafft, sich als Baumsymbol für uns Menschen freizuhalten.

Ahorn, wo warst du so lange? Seine Stunde schlägt jetzt, im Zeitalter des individuellen Suchers. Der individuellen Persönlichkeit, die bereit ist, sich weiterzubilden und weiterzuentwickeln. Der starke Ahorn ist unser Platzhalter für die Erinnerung, dass wir hier sind, um das Ur-Eigene in uns zu suchen. Um ganz wir selbst zu sein. Der Ahorn ist unser Vorbild, während wir lebenslang lernen, uns an »das erste Sakrament des Universums« zu halten, wie der amerikanische Astrophysiker Brian Swimme rät: »Es geht um den Ausdruck

der eigenen Persönlichkeit. Alles in dir drängt danach, gestaltet und freigelassen zu werden. Lass die Freigebigkeit des Universums geschehen. Mehr bedarf es nicht. Hast du den Mut, das Universum mit deinen Schätzen zu überhäufen?«
Der Ahorn verkörpert den Mut und die Kraft, die wir investieren müssen, um unsere Entwicklungsmöglichkeiten voll auszuschöpfen und zu einer einzigartigen Gestalt zu werden. Sein Rat heißt: Vertrauen in das Eigene bei größtmöglicher Offenheit für das Ganze.

Der Weg dorthin führt über Resonanz. Der Ahorn kann in seinem hellwachen Inneren ein wunderbares Klangholz heranreifen lassen. Das innerste Fleisch des festen Ahorns ist resonanzbereit. Aus ihm werden Resonanzböden für Gitarren, Geigen, Celli oder Panflöten gebaut. Hörendes, wiederklingendes Holz, erfüllt von der Sehnsucht, dass sich mit der Zeit die unverwechselbare Melodie des Kosmos in seine Jahresringe einprägt wie Musik in die Rillen einer Schallplatte.

Während der Ahorn sinfonische Ringe um seinen Kern wachsen lässt, richtet er sich zu einer stattlichen Höhe auf. Er realisiert sich, indem er in seinem Inneren Bewusstsein und in seinem Äußeren Gestalt annimmt. Dem tiefen leidenschaftlichen Klang in seinem Inneren schenkt er eine stabile äußere Form. Er öffnet die mächtigen Äste voller Mitgefühl und Wärme für alles Geschaffene und ist so dem Leben zugeneigt. Das ist die kosmische Musik, die im Ahorn immerzu erklingt. Und die man hört, wenn man sich an seinen Stamm lehnt als ein tief Bezauberter, der nun selbst bereit ist, sich der Anstrengung dieses universellen Prozesses zu unterziehen. Die Suche beginnt. Ahorn, wo war ich so lange?

Akelei

oder Die Trinität als Kunstwerk

Eine schöpfungsbezogene Trinitätslehre fordert uns auf, zu Werkzeugen des Geistes zu werden, zu Kanälen seiner Gnade und Schönheit. Und dazu kommen wir am besten, wenn wir aus unserem Leben ein Kunstwerk machen.
MATTHEW FOX

Die zierliche Akelei war eine der Lieblingsblumen der Gotik. Selbst so fragil gebaut wie ein fein geripptes gotisches Gewölbe, hebt sie ihre Blütenkrönchen mit den lang nach innen gezogenen Spornen zum Himmel. Diese nach oben aufgetriebenen Honigblätter zerfließen in wunderschönen matten Farben: Puderrosa, Milchweiß, Vanillegelb, Blassblau, Himbeerrot, Tiefviolett. Für die Maler der Gotik war die hochstängelige Waldblume ein bevorzugtes trinitarisches Symbol. Vermutlich deshalb, weil sich jeder ihrer Stängel in drei aufspaltet und an jedem Ende drei rundbogige Blätter trägt, die selbst wieder dreigeteilt sind. Der Bauplan der Akelei enthält die Drei in ihrer potenzierten Form. »Omnis creatura significans«, alles Geschaffene ist ein Zeichen und Hinweis, sagt Alanus ab Insulis, ein französischer Scholastiker aus dem 12. Jahrhundert, man muss es nur sehen und verstehen können. Die gotischen Künstler sprachen mit der Akelei »durch die Blume« von Gott und setzten sie in ihre Bilder als Zeichen

für die geheimnisvolle dreifache Anwesenheit Gottes in der Welt.

In Irland hat sich dieser wache Blick für Hinweise auf die göttliche Triade bis heute erhalten. An ganz alltäglichen Dingen übt man sich in das paradoxe Bewusstsein ein, dass drei eins sind. Drei Glieder hat ein Finger und doch bewegen sie sich gemeinsam. Dreiblättrig ist der Klee und doch sagt man nur Kleeblatt. Raureif, Schnee und Eis, alles zergeht zu Wasser. Sonne, Sonnenstrahl und wärmendes Licht, alle drei sind eins. Drei Personen sind in Gott und doch ist er immer derselbe Ein-Heilige. Der unsichtbare, dreieinige Gott wird für uns Menschen sichtbar in all dem, was er hervorbringt und bewirkt. Und nun soll auch noch die Akelei ein »vestigium trinitatis«, ein Versteck für das »offene Geheimnis« der Trinität sein? Am besten kann sich jeder dieses »Gesamtkunstwerk« von Vater, Sohn und Heiligem Geist selbst erschließen, indem er sich mit dem Geheimnis Gottes im eigenen Inneren verbündet. Ich habe einen sonnigen Maimorgen lang die Akelei meditiert und bin dabei immer froher und heiterer geworden, ein gutes Anzeichen für die wohlwollende Nähe des dreieinigen Gottes.

Zuerst kam ich auf die schöpferische Seite Gottes: Wer einmal eine Akelei im Garten angesiedelt hat, weiß, mit welcher Leichtigkeit sich diese zarte Pflanze selbst aussät. Sie produziert eine Unzahl von winzig kleinen schwarzbraunen Samenkörnchen und verteilt sie aufs Großzügigste. Damit repräsentiert sie die kreative Kraft Gottes, die das Leben im Übermaß weitergibt und gar nicht aufhören kann, sich zu verbreiten. Genauso war es mit meiner Akelei. Sie war eines Tages einfach da, schob ihren grazilen Stängel empor und bildete eine Fülle sanft gerundeter Blätter, immer in Dreiergruppen angeordnet und in mattes Grün getaucht, das ins Silberne spielt. Auch wenn dieses Kunstwerk scheinbar aus dem Nichts auftauchte und keinen Ursprung hatte, so brachte es selbst unendlich viele Samen hervor.

Den zweiten trinitarischen Aspekt der Akelei sehe ich in ihrer dem Menschen zugewandten Seite. Als Waldblume ist sie zu uns Menschen in die Gärten gezogen, hat ihre im Wald geübte Diskretion preisgegeben, um uns nahe zu sein. Kam nicht ähnlich Gott in Jesus zu den Menschen, indem er seinen unendlichen Abstand gegen Nähe tauschte? Die Akelei erscheint in der gotischen Ikonografie manchmal als ein reines Christussymbol, zum Beispiel auf dem Fußboden unter den musizierenden Engeln des Genter Altars der Brüder van Eyck. Die christliche Mystikerin Hildegard von Bingen entdeckte als Erste die Heilkraft der Akelei und gab ihren Kranken Akeleihonig gegen Verschleimung der Atemwege, Halsschmerzen und Mandelentzündung. Frei sprechen können, mit Gott und den Menschen, das war die gute Botschaft von Jesus Christus. Der Heiland verkörpert die heilende Seite Gottes.

Der dritte Aspekt ist der des Heiligen Geistes als der »ersten Gabe Gottes an die Menschen«. Man kann ihn als Bewegung Gottes verstehen und als sein persönliches Engagement in der Welt, das wie die Akelei immer für Überraschungen gut ist. Im letzten Jahr standen meine schönsten seidenblauen Akeleien noch zu Füßen eines eisernen Obelisken mit Clematis. Heuer lächelten mich dort ihre purpurvioletten Schwestern an, während meine blauen Lieblinge sich einen Platz im Rosenbeet gesucht und die rosa Pracht mit einer lavendelfarbenen Note ergänzt hatten. Eine Komposition, die ich dem lebendigen Schöpfergeist im Herzen der Welt verdanke.

Ein paar Stunden im Zwiegespräch mit einer Blume haben mein trinitarisches Verständnis revolutioniert. Jetzt weiß ich: In der Trinität zeigt sich Gott als Gesamtkunstwerk in der Welt.

Ameisen

oder Die Wärme der Heiligen

*Alles kommt von Gott.
Ich beuge mich über die Ameisen
und erblicke in ihren glänzenden,
schwarzen Augen
Gottes eigenes Angesicht.*
NIKOS KAZANTZAKIS

»Geh zur Ameise und lerne von ihr«, beginnt ein Weisheitsspruch aus dem Alten Testament, den man noch immer beherzigen kann. Auch wenn für Gärtner die kleinen Krabbler wegen ihrer Blattlaus-»Zucht«, unterhöhlten Plattenwegen und Ameisennestern mitten im Rasen nicht unbedingt nützliche Tierchen sind. Ihr Ruf ist entsprechend schlecht.

Sie werden oft abschätzig als »Soldaten« bezeichnet, die seelenlosen Befehlsempfängern gleichen. Nun sind Ameisen gewiss keine Einzelgänger, aber zu einer »Ameisenmaschine« gleichgeschaltet sind sie nun auch wieder nicht. Die winzigen Tiere haben zusammen eine Lebensform entwickelt, bei der es jeder einzelnen Ameise gelingt, im großen Durcheinander und Gewimmel des Ameisenhaufens ein gemeinsames Ganzes zu erkennen. Das ist etwas, was uns Individualisten heutzutage oft schrecklich schwer fällt. Wir sind fürchterlich viel mit uns selbst beschäftigt. Und auf die anderen schauen wir oft nur, wenn wir etwas brauchen oder uns entlasten wollen.

Ameisen dagegen leben in einer so tiefen Verbundenheit miteinander, dass ihnen ein solches Verhalten reichlich fremd ist. Zu ihrem persönlichen Leben gehört als tragendes Leitbild das der Zusammengehörigkeit. Es ist – wie bei manchen uralten Volksstämmen auch – so stark ausgeprägt, dass Biologen von einer »Überseele« sprechen, die alle Stammesangehörigen gemeinsam in den Dienst nimmt.

Anders als viele von uns verzichtet eine Ameise also nicht auf ihr rechtmäßiges Erbteil, anderen zu dienen. Ein wunderbares Beispiel dafür ist das Erwachen der Ameisen aus dem Winterschlaf. Einige Ameisen bleiben auch bei kalten Temperaturen wach und krabbeln ab und zu aus der riesigen Überwinterungskammer in anderthalb Meter Tiefe (einer garantiert frostfreien Zone) nach oben zur Nestkuppel. Wenn die Sonne scheint und es wärmer wird, wärmen sie sich im Freien auf, laufen dann zu ihren im Schlaf erstarrten Artgenossen zurück und geben ihnen durch ihre bloße Nähe eine Portion Wärme ab. So minimal sie auch sein mag, die Wärmeboten tauen auf diese Weise mit viel Geduld langsam ihre im Kühlhaus liegenden Geschwister auf. Nach und nach erwacht eine nach der anderen, krabbelt ebenfalls nach oben und hilft mit, die Wärme nach unten zu tragen, bis endlich die große Masse des Volkes wach ist und seine Arbeit aufnehmen kann.

Spirituell gesehen könnte man sagen, die Ameisen leisten den Dienst von Heiligen. Echte Heilige verstehen es, andere mit einer Wärme zu umhegen, die sie nicht von ihrer gegenseitigen Sympathie ableiten, sondern allein vom Wärmegrad ihrer Gottesliebe. Weil sie überreichlich ist, reicht sie weit über einen hinaus. Echte Heilige tragen die Wärme ihres Gottesbildes so lange zu anderen hin, bis diese selber auftauen und nun auch die Liebe Gottes in ihrem Herzen spüren. Das kann sich bis zur Glut steigern, die Gott in einem Menschenherzen anzuzünden versteht. Der Zisterzienser Adam von Perseigne (gestorben 1221) kannte das Geheimnis: »Wen die Glut der himmlischen Liebe in Brand gesteckt hat, der wird flüssig und steckt mit dieser Glut andere an.« Diese Glut der Liebe überzeugt mehr als tausend Worte. Diese Glut macht auch sehend. Denn sie sorgt dafür, dass man wie die Heiligen das Angesicht Gottes in allen Mitgeschöpfen erkennen kann. Es strahlt tief im Inneren von uns allen auf, unwiderstehlich, hinreißend und hingebungsvoll – wie in den glänzenden, schwarzen Augen der Ameisen.

Apfelbaum

oder Spirituelles Reifen

*Ein Jüngling kann nicht begreifen, dass ein Älterer
seine Entzückungen, Gefühlsmorgenröten, Gedanken-
wendungen und -aufschwünge auch einmal durchlebt
habe – aber ganz feindselig stimmt es ihn zu hören,
dass, um fruchtbar zu werden, er jene Blüten verlieren,
ihren Duft entbehren müsse.*
FRIEDRICH NIETZSCHE

Wenn ich nach einem Sinnbild für spirituelles Erwachen suche, gibt es für mich nichts Schöneres als einen in voller Blüte stehenden Apfelbaum. Die duftige Wolke aus Tausenden von weiß-rosa Blütenblättern scheint über dem zarten, maigrünen Gras zu schweben. Angesichts dieser märchenhaften Reinheit öffnet sich mein Inneres selbst wie eine Apfelblüte dem Licht. Wie viel Zuversicht und Verheißung spricht aus ihr! Die Blütenpracht erinnert mich an spirituelle Aufbrüche und begeisterte Anfänge im Vertrauen auf wunderbare seelische Entfaltungsmöglichkeiten. Der Geist erscheint als »ewige himmlische Blüte«, so beschrieb es Bettina von Arnim einmal in einem Brief an Goethe. Diesen Blütentraum zu meditieren fällt leicht.

Aber dann sinkt der weiße Blütenschleier zu Boden. Übrig bleiben viele kleine harte Knöllchen. Unansehnlich und wenig inspirierend für hoch fliegende spirituelle Träumereien.

Unspektakulär, ernüchternd. Und so hat es etwas gedauert, bis ich bereit war, auch von der harten Knolle etwas über die Entwicklungsphasen der menschlichen Seele zu lernen.

Nach so manchem verheißungsvollen Beginn gerät unsere innere Entwicklung oft in eine überraschend unansehnliche Phase. Der Zauber des Anfangs, »der uns beschützt und der uns hilft zu leben« (Hermann Hesse), ist verschwunden. Wir haben die ersten Lektionen der Selbstwahrnehmung gelernt und einige Illusionen über uns verloren. Nur unser kleines Seelenknöllchen ist übrig geblieben, unattraktiv und kümmerlich, noch weit von seiner eigentlichen Bestimmung entfernt. Das ist enttäuschend wenig. Und ich kenne nicht wenige Menschen, die sich nach einem zauberhaften Aufblühen in der Liebe Gottes enttäuscht vom spirituellen Weg abwandten, weil sie nichts vom Geheimnis des harten Knöllchens wussten, und sich nun einer schönen Erfahrung beraubt sahen. Aber trotzdem enthält es das ganze Geheimnis. Der kluge Apfelbaum selbst macht keinen Unterschied zwischen Blüte, Knolle und Apfel: Für ihn ist die makellose, betörende Schönheit des Anfangs identisch mit dem harten, bitteren Übergang oder der schweren und reifen Süße der vollen Frucht.

Von Meister Eckhart gibt es dazu folgenden Gedanken: »Gott ist der, der alles in allem wirkt, er ist der Ursprung und das Ziel. Er ist also Blüte als Ursprung, Frucht als Ziel. Es gehört im eigentlichen Sinne zum Göttlichen, dass in ihm Blüte und Frucht ein und dasselbe sind.«

Das Göttliche ist also auch in der kleinen verhärteten Knolle vollständig gegenwärtig. Sie ist der Beweis seelischer Fruchtbarkeit. Mit ihr fängt inneres Wachstum an. Die Schönheit der Blüte lockte die Bienen zur Bestäubung an – Verlockung ist ein Grundprinzip der Schöpfung. Aber auch die grüne harte Knolle wird vom Entfaltungsprinzip des Kosmos umfangen: Ihre bittere Hässlichkeit schützt sie nun vor frühzeitigem Verzehr. So dient auch ein gewisses spirituelles Abweisend-Sein einer Seele zum Schutz: Sie kann sich in Ruhe entwickeln und reifen. In dieser Phase finden wir uns selbst oft unmöglich und der Stagnation preisgegeben, merkwürdig unverstanden, ungeliebt von Gott und der Welt, von allen Gärtnern unserer Seele verlassen und vergessen. Aber schließlich wird sich auch das Bittere und Verhärtete am Ende in Süße verwandelt haben, verlockend anzusehen wie ein reifer Apfel. In der Gegenwart solchermaßen gereifter Menschen kommt uns der Duft Gottes verführerisch nahe. So nahe, dass wir eine ungeheure Lust auf Gott bekommen und nicht widerstehen können, selbst in den Apfel der Gotteserkenntnis zu beißen.

Bank

oder Die gelassene Anschauung Gottes

*Und Jesus sagte zu seinen Freunden:
Sucht euch einen stillen Platz
und ruht euch ein wenig aus!*
MARKUSEVANGELIUM 6,3

Ich liebe es, in meinem Garten zu werkeln, weil die Arbeit im Freien eine natürliche Art der Kontemplation für mich ist, selbst wenn die Kinder dabei herumtoben oder in Nachbars Garten der Rasenmäher rattert. Aber ich liebe es auch, einfach auf der Bank zu sitzen und eine schöpferische Pause einzulegen. Dass man sich im Garten einfach ausruht und ihn nicht als reinen Nutzgarten anlegt, war bis zum Mittelalter nicht üblich. Weder im Bauern- noch im Klostergarten standen Gartenmöbel herum. Um so bemerkenswerter ist es, dass der deutsche Dominikanerprovinzial Albertus Magnus (1193–1280), Theologe, Philosoph, Naturforscher, Professor und Bischof in einer Person, sich in einem seiner viel gelesenen Bücher ausführlich mit dem Thema »Gartenbank« beschäftigt.

Er liefert in seinem mittelalterlichen Bestseller über den Gartenbau sogar eine genaue Bauanleitung für eine Bank. Gartenbänke müssen ja nicht unbedingt aus Holz sein. In unserem ersten Garten war die »Bank« eine niedrige Mauer mit Sitzplatten aus Porphyr, die unsere Terrasse einfasste.

Wenn die Sonne darauf schien, wärmte sich der rote Naturstein schnell auf und man konnte auch ohne Kissen angenehm darauf sitzen. Die Bank des großen Kirchenlehrers Albertus Magnus aber ist weder aus Holz oder Stein, sondern aus Rasen! Für die Rasenbank legt man am Ende einer Rasenfläche ein etwa kniehohes Hochbeet an, das man aus Brettern zimmert oder aus Ziegeln aufmauert. Es wird mit Erde aufgefüllt, links und rechts mit aromatischen Kräutern und »lieblich duftenden« Blumen bepflanzt und in der Mitte zum Sitzen mit feinem Rasen belegt.

Albertus Magnus ist ein bekennender Rasenfan: »Das Auge wird durch nichts so sehr ergötzt als durch feines, nicht zu langes Gras.« Warum Albertus Magnus so sehr für Rasen schwärmt, schreibt er an anderer Stelle, in seiner Biblia Mariana. Dort wagt der Heilige einen mystischen Vergleich: »Christus selbst ist das grüne Gras, das Maria, die Frucht bringende Erde, gebar.«

Wenn man sich also auf einer Rasenbank niederlässt, sitzt man gleichsam auf dem Schoß Christi und ruht sich bei ihm aus. Die grüne Bank ist dazu da, dass »sich die Sinne erholen und die Menschen sitzen können, um sich ergötzlich auszuruhen«. Albertus Magnus wünschte jedem, dass er windgeschützt und geborgen auf seiner Rasenbank sitzen und dabei reine Freude und Vergnügen an der Gegenwart Gottes empfinden kann. Von diesem stillen Plätzchen aus erfasst man, dass alles im Garten eine frohe Bewegung hin auf Gott ist, so als widmeten alle Geschöpfe sich selbst ausschließlich Gott. »Gott genießt sich selber in allen Dingen«, hat das ein anderer Dominikaner, der Mystiker Meister Eckhart, ein paar Jahrzehnte später formuliert. Für unsere Seele ist das Sicheinlassen auf den Genuss der Gegenwart Gottes pure Erholung, weil sie damit ihre ursprüngliche Ruhe und Heiterkeit zurückgewinnt. Selbst Goethe wusste noch von der Beziehung zwischen Rasenbank und Seelenfrieden, als er 1776 in Weimar notierte: »Hab ein liebes Gärtchen vorm Thore an der Ilm ... Da lass ich mir von den Vögeln was vorsingen und zeichne Rasenbänke, die ich will anlegen lassen, damit Ruhe über meine Seele komme.«

Natürlich kann man sich auch auf einer Gartenbank aus Holz oder Stein ausruhen und mit Gott den Garten genießen. Aber so erdverbunden, zart und uns freundlich zugeneigt wie auf der weichen Rasenbank spürt man ihn da nicht so leicht. Bei der mystischen Gotteserfahrung schließen Genuss und Tiefe einander nicht aus, im Gegenteil. Wie schade, dass der frommen und menschenfreundliche Albertus Magnus nicht auch eine Bauanleitung für »mystische Kirchenbänke« geschrieben hat, damit auch beim Sitzen in der Kirche der Genuss Gottes unsere Seele erfüllt ...

Bienen

oder Das Sammeln des Unsichtbaren

Heute, wo der Frühling endlich da ist, sollten wir im Freien bei unseren Freunden leben. Gehen wir zu jenen Fremdlingen auf dem Feld und tanzen um sie wie Bienen von Blume zu Blume – bauen wir in der Bienenstockluft unsere wahren sechseckigen Wohnungen.
DSCHELALEDDIN RUMI

Zu meinen liebsten Kindheitserinnerungen gehört das verlassene Bienenhaus im Garten meines verstorbenen Großvaters. Der Zauber dieses Ortes schlug uns Kindern mit der trockenen Bienenstockluft entgegen, sobald wir durch die Tür hineinschlüpften. Geheimnisvolle Gerätschaften hingen an der Wand und schliefen dort im Halbdunkel unter einer weichen Staubdecke, ohne sich dabei von uns stören zu lassen. Ihr Verlust an Kontur und Gebrauchtwerden enthob sie unserem Zugriff. Eine Honigschleuder lehnte als tonlose Trommel würdevoll erschöpft in einer Ecke. Fahlblau verblassende Holzkisten bargen in ihrem Inneren ein seltsam stimmiges Durcheinander feiner Kiefernholzrähmchen. In manchen hingen noch leere Wabenwände, zerbrechlich wie kostbares altes Pergament. Bei schlechtem Wetter saßen wir Kinder im Bienenhaus wie im Bauch einer Arche, hörten den Regen ohnmächtig auf das flache Dach schlagen und äugten im Dämmerlicht durch die Ritzen und Einflugschlitze der verschwundenen Bienenstöcke nach draußen. Brach die Sonne wieder durch, sandte sie flach gebündeltes Licht ins Innere, strahlende Flugbahnen, auf denen statt Bienen nun Staubteilchen tanzten. Und unsere Phantasie.

Das alte Bienenhaus war ein Ort der inneren Bilder, ein Raum der Transformation. Verlorenes wurde präsent, Sichtbares veränderte sich, Unsichtbares wurde sichtbar. Obwohl ich meinen Großvater nie gekannt hatte, war er hier gegenwärtig am Werk, ich sah ihn – Pfeife rauchend – mit seinen Imkergeräten hantieren. Obwohl keine einzige Biene mehr hier summte, konnte man sich wie eine von ihnen fühlen. Worte hatte ich nicht dafür, wohl aber Augen. Jahrzehnte später erst fand ich bei Rainer Maria Rilke einen all das umschließenden Satz: »Wir sind die Bienen des Unsichtbaren.«

Wir Menschenvölker sind dazu bestimmt, den Nektar des Sichtbaren in die großen, goldenen Honigwaben des Unsichtbaren zu sammeln. Gedanken, Erinnerungen, Eingebungen. Sie sind Nahrung für uns selbst, aber auch für Freunde, für Fremde, für alle Wissenshungrigen, die nach uns kommen. Wenn wir wieder mit wissenden Kinderaugen sehen, dann tanzen wir wie Bienen ungehindert auf dem Strahl der Zeit. Vergangenes, Gegenwärtiges und Künftiges ist da, erfülltes Sein, liebevolles Einverstandensein, staunendes Dasein.

Das Wesentliche ist gleichermaßen im Sichtbaren wie Unsichtbaren geborgen. Für Mystiker sind alle Dinge darum beides. Also: durchsichtig. Das ist der Rückhalt aller Dinge, Pflanzen und Geschöpfe, zwischen denen wir leben. Und darum gibt es für Mystiker auch keine Kluft zwischen den Welten. Sie sehen die Einheit in allem und leben aus ihr heraus. Christus ist ein Symbol für die Einheit von Sichtbarem und Unsichtbarem, von Mensch und Gott. Und der gleichfalls unsichtbare Heilige Geist ist die inspirierende Brücke zwischen beiden Welten. Nicht selten finden wir diese Brücke gerade in dem, was uns anfänglich irritiert, geängstigt oder befremdet hat. Die Liebe zu Christus weckt die Liebe zum Fremden, Unsichtbaren, Unbekannten.

Ohne den täglichen Flug ins Unbekannte kann kein Bienenvolk überleben. Was hindert uns, das Bienenhaus, den sicheren »Stock« unserer Wahrnehmungen zu verlassen und draußen in der Fremde unseren Reichtum zu sammeln? Wenn wir das Wesentliche »unter den Fremdlingen« entdecken, bauen wir, wie der islamische Mystiker Rumi sagt, im Freien bei unseren Freunden an unseren wahren sechseckigen Wohnungen.

Birke

oder Das Charisma des Loslassens

*Ist das nicht das höchste Farbenglück:
Birkenlaub in Himmelblau gewirkt?*
CHRISTIAN MORGENSTERN

Fünf große alte Birken im Garten zu haben, noch dazu so nahe am Haus wie bei uns, das ist nicht einfach. Erfahrene Gärtner wissen, wie viel Arbeit das bedeutet, und pflanzen sie von vornherein nicht in ihren Garten. Unentwegt wirft die Birke etwas ab. Das ganze Jahr über. Ihr hellgrüner Blütenstaub legt sich blitzschnell auf das Porzellan auf dem frisch gedeckten Gartentisch. Ihre trockenen, dürren Reiser übersäen die Platten der Gehwege mit einem wirren Graffitimuster. Ihre unzähligen Blättchen decken den Rasen zu und verstopfen permanent die Dachrinnen.

Aber wer kann schon der Schönheit einer jungen Birke widerstehen? Sie ist leicht. Anmutig. Zart. Und auf ihrer glatten, weißen Spiegelrinde schimmern schwarze Schriftzeichen, so fein und grazil, als habe eine Elfe im Mondenschein der Birkenrinde ihre geheimsten Gedanken anvertraut. Birken rühren uns an, nicht zuletzt, weil in ihnen so viel himmlisches Blau ist, so viel Licht und Leuchten, so viel Wind, so viel Bewegtheit.

Auch bei unseren vierzig Jahre alten Birken ist das noch so. Hellstes Grün und strahlendstes Blau werden immer noch eins, auch wenn ihre Stämme das silberne Mondlicht nicht mehr reflektieren. Rissig sind sie geworden und tragen jetzt eine starke Borkenrinde, grüngrau mit tiefen schwarzen Furchen. Ihre mädchenhafte Anmut ist dahin. Die Schönheit einer alten Birke beruht auf etwas anderem – ihrer vollständigen Ergriffenheit für ein fast vergessenes Charisma, das des Loslassens.

Alte Birken sind Meister im Abschütteln dessen, was sie nicht mehr brauchen. Sie haben sich ein Leben lang darin geübt, sich von Wünschen zu befreien, deren Gewicht sie bedrücken könnte. Birken sind unglaublich genügsam. Sie haben sich auch verabschiedet von Vorstellungen, deren Zwänge sie ersticken würden. Alte Birken legen keinen Wert auf Äußerlichkeiten. Sie sind bereit für die ganz große Schau der Dinge. Für den wirklich durchdringenden Glanz des Himmels.

Eine alte Birke hofft weit in sich hinein wie in eines Fremden Herz. Sie schaut Gott an, wie ein Engel es tut: In ihrem Innersten, ihrer größtmöglichen Tiefe ist sie bereit, sich frei zu machen und das Leben zu entfalten, das in ihr gelebt sein möchte. Ihr tägliches Exerzitium heißt folglich Verzicht. Sie kann von sich ablassen. Sie kann ohne Angst weniger werden. Und ohne Sicherheiten leben. »Ich fürchte nichts, weil ich nichts habe«, sagte einmal Martin Luther und beschrieb damit zugleich das Charisma der Birke. Aus Armut und bewusstem Verzicht wächst eine heilige Unabhängigkeit, die in sich ruht und weiß, was wann zu tun oder zu lassen ist. Meister Eckhart nannte sie Gelassenheit.

Die alte Birke ist ein Wunder an Selbst-Hingabe und Selbst-Vergessenheit. Sie kann jeden Augenblick mit Gottes Leuchten füllen, weil sie die Weite und Leere liebt. Das Alter hat aus ihr eine Königin der inneren Unabhängigkeit und Einfachheit gemacht. Der Stamm: Schwarz. Weiß. Das Laub:

Hellgrün. Goldgelb. So einfach geht das. Denn dazwischen, schon ganz in ihr Baumsein eingegangen, ist immer der Himmel. Blau. Weit. Und offen.

Durch ihre Freiheit zum Verzicht ist die Birke über sich hinausgewachsen – in den Raum des Nicht-Habens und Nicht-Seins hinein, wo Gott ihr vollkommen gegenwärtig ist und näher als nah. Und irgendwann begreift man es schließlich: Das bestürzend Schöne an der alten Birke ist – sie ist schon mehr Himmel als Baum.

Blumentöpfe

oder Vom Nutzen des Zerbrochenen

*Wie furchtbar hat es der,
der mit seinem Schöpfer hadert.
Er gleicht einer Scherbe unter irdenen Scherben.*
JESAJA 45,9

*J*n unserem kleinen Gartenschuppen steht ein alter Korb, in dem ich die Scherben von zerbrochenen Tontöpfen sammle. Ich brauche sie als Bodensatz in neuen Töpfen, wenn ich Pflanzen umtopfen muss, denen es in ihren alten Gefäßen zu eng geworden ist. Sie haben alle Erde in Wurzelwerk verwandelt, schieben sich im Topf nach oben und warten erschöpft darauf, wieder mehr Raum für sich zu finden.

Wir kennen diesen inneren Nährstoffmangel aus eigener Erfahrung. Irgendwann ist der »Topf unseres Lebens« wieder einmal zu klein für die entwicklungshungrige Seele geworden. Sie möchte lieber heraus aus einer beengenden Situation als darin verkümmern. Je mehr wir aber an dem alten, eben auch vertrauten Topf hängen, desto größer ist die Verletzungsgefahr beim Umtopfen. Wenn wir gar nicht richtig loslassen wollen, reißen viele unserer Seelenwürzelchen ab und verursachen heftige Schmerzen.

In diesem Widerstreit geht manchmal der ganze Topf entzwei und wir stehen vor einem Scherbenhaufen. Und gerade weil der alte Topf uns bei aller Enge doch Halt gab und Stabilität, empfinden wir dann unsere momentane Entwurzelung und Haltlosigkeit wie einen Schock. Es ist, als habe man die Beziehung zu sich selbst, einem anderen Menschen oder gar zu Gott ganz und gar verloren. Da wird aus dem Scherbenhaufen schnell ein furchtbares Scherbengericht. Wir hadern mit Gott und den Menschen und schneiden uns dabei mit den Scherben, die wir in der Hand halten, selbst nur noch tiefer ins Fleisch. Es macht keinen Sinn, angesichts ihrer scharfen Kanten ewig darüber zu lamentieren, wie verletzt und verwundet man ist.

Die Scherben der Vergangenheit braucht man weder zu verachten noch zu verleugnen. Man kann auch anders damit umgehen und die Bruchstücke des alten Blumentopfes auf den Boden eines neuen legen. Sie erinnern uns daran, dass wir auch heilsam mit den zerbrechlichen Anteilen in unserer Seele umgehen können und dass unserem inneren Wachstum oft etwas Zerbrochenes zugrunde liegt. Neue Seelenwurzeln breiten sich um die Bruchstücke eines bisherigen Lebens herum aus und umfangen sie schließlich ganz.

So sind die eigene Verwundbarkeit wie auch das Scheitern in neuem Wachsen geborgen. Und genau diese bewahrte Erfahrung eigener Verwundbarkeit ist es, die wunderbar die Aufnahme von Wasser regulieren kann. An der Stelle, wo unser Herz einmal verletzt wurde oder gar in viele Stücke zerbrach, sind wir durchlässiger und sensibler geworden. Ein feiner Filter ist entstanden, der lebendiges Wasser speichern und abgeben kann, ganz wie es für die weitere Entwicklung gebraucht wird. Nach einer Weile unsichtbaren inneren Wachstums spüren wir dann plötzlich, dass die Verbundenheit mit allem zugenommen hat und die Versenkung tiefer geht als zuvor. Auf dem Boden unserer Gebrochenheit ist ein neues, größeres Ganzes gewachsen. Uns selbst und dem Schöpfer zu Ehren.

Brennnessel

oder Aggression und Abwehrkraft

*Über den Brennnesseln beginnt,
keiner hört sie und jeder,
die Trauer der Welt…*
GÜNTER EICH

Um die Brennnessel haben wir Kinder immer einen weiten Bogen gemacht. Wer mochte schon den beißenden Schmerz und die juckenden Flecken auf der Haut, die sie einem erbarmungslos verpasste, wenn man in ihr Revier eindrang? Die Brennnessel war gemein, genauer gesagt ihre scharf gesägten Blätter mit den feinen Brennhaaren, die bei der leisesten Berührung abbrechen. Die verbleibenden Kanülen stechen in die Haut und verspritzen den giftigen Saft, der brennt und Ausschlag hervorruft. Weil die Brennnessel dadurch sehr wehrhaft ist und außerdem zahlreiche unterirdische Ausläufer bildet, kann sie sich an den schönsten Stellen im Garten ausbreiten und hartnäckig halten. Wer ihr zu Leibe rücken will, muss sich auf heftige Gegenwehr und schmerzliche Erfahrungen gefasst machen. Dabei müsste man nur den alten Gärtnertrick kennen und anwenden: »Berühre zart eine Brennnessel und sie wird dich schmerzhaft stechen. Packe sie fest an wie ein Mann – und sie bleibt so weich wie Seide.« Wer Brennnesseln ausreißen will, sollte also beherzt und möglichst ganz unten, nah der Wurzel, zupacken, dann tut es am wenigsten weh. Aber wer traut sich das schon? Der amerikanische Naturmystiker Henry Thoreau meinte einmal: »Auf je tausend, die an den Blättern des Bösen zupfen, kommt nur einer, der an der Wurzel hackt.«

Vielleicht lieben wir die »hässliche« Brennnessel deshalb so wenig, weil sie uns an unsere eigenen hässlichen und feindseligen Anteile erinnert. Sobald da ein anderer auch nur zart daran rührt, leisten wir heftige Gegenwehr. Rühre da ja nicht weiter dran! Wehe dir, wenn du mir zu nahe kommst, dann wehre ich mich. Unsere aggressive Abwehr entspricht der radikalen Brennnessel: Jede Berührung wird als Angriff auf das eigene Ich interpretiert, jeder Kontaktversuch als Zerstörungswille gedeutet. Noch schlimmer: Das Gespür für ehrliche Zuneigung und der natürliche Wunsch nach Nähe sind ausgemerzt worden. Die ganze Welt steht uns feindselig gegenüber und wir müssen uns verteidigen.

Es gibt nur einen Weg, damit umzugehen. Es bleibt uns nichts anderes übrig, als zu versuchen, unsere im Übermaß wuchernden aggressiven Anteile zu reduzieren, um andere nicht mehr darunter leiden zu lassen. Und um einen gesünderen Umgang mit eigenem Leid entwickeln zu können. Denn diese heftige Abwehr und radikale Verteidigungshaltung der Brennnesselseite in uns ist eigentlich nur ein besonders starker Wunsch, von eigenem Schmerz und Leiden verschont zu bleiben. Veränderung kommt erst zustande, wenn wir die »Trauer der Welt« bei den Brennnesseln hören.

Kluge Gärtner wissen, was zu tun ist, und wandeln die »böse« Brennnessel um in guten Brennnesselsud. Damit bekämpft man Pilze, Läuse und Milben, die über andere Pflanzen herfallen. Brennnesseln enthalten viel Stickstoff, Kieselsäure, Vitamin C und Eisen. Mit transformierter Brennnesselenergie kann man also schwächere Pflanzengeschwister stärken und düngen. Die übermäßige Unverletzlichkeit der giftspritzenden Brennnesselblätter wird zerkleinert, in Wasser angesetzt und dem Sonnenlicht anvertraut. Durch wochenlange Gärung verwandelt sich der Sud in ein Heilmittel für andere angegriffene Pflanzen. Die fertige Brennnesseljauche ist eine radikal konzentrierte Abwehrkraft und hat vielleicht darum einen so kräftigen beißenden Geruch. Da hilft nur starkes Verdünnen, bevor man damit gießt, am besten im Verhältnis 1:10 oder sogar 1:20. Was dann aus der Gießkanne fließt, ist »ausgeschüttete Unverletzlichkeit«, die von anderen leidenden Pflanzen gut aufgenommen werden kann.

Genauso kann unsere wehrhafte innere »Brennnesselenergie« für gesunde seelische Abwehrkräfte sorgen und gegen Trauer und Leid in der Welt eingesetzt werden. Allerdings nicht durch Aggression und Angriff, sondern durch radikales Mitgefühl und eine der Konfrontation mit dem Bösen gewachsene Barmherzigkeit. Sie erwachen in uns dadurch, dass wir bereit sind, den eigenen Wunsch nach radikaler Unverletzlichkeit zu verdünnen. Wir stimmen unserer eigenen Verletzlichkeit und Verwundbarkeit zu, hören auf, uns als Einzelkämpfer behaupten zu wollen, und werden Teil einer Gemeinschaft von Verwundeten. Unser Abwehrpanzer wird in achtsame Sensibilität verwandelt, die sich zum Beispiel gegen politische Ungerechtigkeit oder soziales Leid energisch zur Wehr setzen kann. Was eben noch so schmerzlich brannte, schützt jetzt und lässt die guten Seelenkräfte der Liebe und Verbundenheit wachsen. Einer starken, wehrhaften Liebe zur Welt, die heiß im Herzen brennen kann. Wer weiß, vielleicht haben deshalb die kräuterkundigen Heiler im alten Germanien den Brennnesselsamen so gerne in ihre Liebestränke gestreut?

Buche

oder Pilgern wie ein Baum

*Ich hatte keine anderen Meister
als die Buchen und die Eichen.*
BERNHARD VON CLAIRVAUX

Gleich außerhalb unseres Grundstücks, nah am Gartenzaun auf der Westseite, steht eine imposante Hainbuche. Sie hat schon eine stattliche Höhe und Kronenbreite erreicht, die ihrer Umgebung zu schaffen macht, weil sie in ihrem Wurzelbereich alles Wasser für sich beansprucht. Dabei könnte sie noch viel mehr Raum für sich brauchen, ihr Streben nach Ausdehnung ist unübersehbar. Sie benimmt sich einfach nicht wie ein Stadt-Gewächs, sondern strebt nach der vollen Entfaltung ihrer ureigenen Waldnatur. Es kommt mir oft so vor, als stehe diese Buche »innerlich« an einem anderen Ort. Wenn man sie sieht, muss man sich unwillkürlich einen größeren Raum vorstellen, der ihr gehört.

Die jüdische Dichterin Nelly Sachs hatte einen tiefen Blick für Bäume und kam zu der Einsicht, dass Bäume »steigend Wandernde« sind. Sie ähneln Pilgern, die zwar ihren Ort nie verlassen, aber alles erfahren an dem Ort, wo sie stehen. Die prächtige Buche ist ein besonders eindrucksvoller vertikaler Pilger: Sie schlägt ihre Wurzeln in den Boden und erforscht das Reich des Unterirdischen. Je tiefer sie sich versenkt, desto mehr Halt und Energie gewinnt sie für sich. Das Wurzelsystem einer gesunden Buche ist genauso groß wie ihre Krone. Mit der Krone breitet sie sich in den Himmel aus und spricht mit den Sternen vom Erhabenen. In die Tiefe und in die Höhe, dahin ist die weite Buche unterwegs.

Wir Menschen pilgern am liebsten horizontal und meistens »säkular«: Wir sind viel unterwegs als Urlaubsreisende, ob nun als Autofahrer, Radfahrer oder Wanderer. Instinktiv wissen wir, dass wir dadurch unseren Horizont erweitern und dass durch das Reisen unsere Persönlichkeit wachsen kann. Bildungsreisen nannte man das früher. Wenn man dem Reisen eine spirituelle Bedeutung gibt, ist man unterwegs als Wallfahrer. Dazu gehört auch die Reise nach Indien zu einem Guru oder die eines Moslems nach Mekka. Das Christentum hat berühmte Pilgerwege geschaffen, die seit Jahrhunderten begangen werden, zum Beispiel den Jakobsweg nach Santiago de Compostela in Spanien. Freilich: Der Weg zu einem äußeren Ziel wird erst dann zu einer spirituellen Erfahrung, wenn man nicht nur linear oder horizontal reist, sondern der eigenen Seele erlaubt, auf ihre Weise zu pilgern.

Die Seele pilgert nämlich wie die Buche vertikal, in die Tiefe und in die Höhe. Absteigend erlebt sie Bedrohung, Angst, Verzweiflung, Schmerz, Leid, Verlassenheit. Das ist ihre Höllenfahrt. Sie kann sich aber auch über sich selbst hinaus in die Höhe erheben: Begeisterung, Freude, Ekstase, Liebe, Allverbundenheit, das gehört zum aufsteigenden Pfad, zur Himmelfahrt der Seele. In uns steckt das vertikale Pilgern der Bäume, das »steigend Wandernde« als natürlicher Bewegungsimpuls unserer Sehnsucht.

Freilich braucht man als Pilger auch ein Ziel für die Sehnsucht der Seele. Wobei es letztlich nicht so wichtig ist, ob man das Ziel am Ende auch erreicht, sondern dass man der eigenen Seele erlaubt hat, ihren Weg zu gehen. Wenn man den Weg aus Angst oder Bequemlichkeit vermeidet, wird das Leben scheinbar ruhiger, aber auch vorhersagbarer und flacher. Manchmal fühlt es sich bedrückend und sinnlos an. Es verliert an Inspiration und Hoffnung, zwei elementare Energiequellen, aus denen die Seele unterwegs schöpfen können muss, um sich zu erfrischen.

Echte Pilger sind froh über ihr »unruhiges Herz«. Wie Augustinus vertrauen sie darauf, dass es seine eigentliche Bestimmung kennt und so lange keine Ruhe gibt, bis es in Gott seine wirkliche Ruhe findet. Es motiviert uns, weiterzuwandern und uns in alle Richtungen auszudehnen wie eine Buche – oder wie Jesus. Auch er verband vertikales und horizontales Pilgern. Er brauchte keine Weltreisen zu machen, um die Welt zu erfassen. Er wanderte lediglich durch das kleine Galiläa und Judäa. Aber er überschritt ständig äußere wie innere Grenzen und erlaubte seiner Pilgerseele dabei, Himmel und Erde zu verbinden.

Efeu

oder Immergrünes Altern

*Grün wächst der Efeu,
der Gott des Lebens kann nie sterben!*
AUS EINEM ENGLISCHEN LIED

Der Efeu hat zwei Gesichter: ein junges und ein altes. Jung sind die langen Efeuranken mit den herzförmigen, weiß geäderten Blättern, die wir alle kennen. Damit erobert der Efeu Zäune und Mauern, erweist sich als zuverlässiger Bodendecker, schlingt sich um Baumstämme und klettert Hauswände empor. Weil er sich anschmiegen muss, um Halt zu finden, ist der Efeu auch ein Freundschaftssymbol, das wir uns ins Zimmer stellen: Ein Topf mit Efeu drückt treue Verbundenheit aus. Das ist das junge Gesicht des Efeus: immergrün, ausgreifend, aktiv, ausdauernd und vor Kraft strotzend auch bei Dauerregen. Wer einmal in Irland war, der weiß, wie meisterlich der Efeu die Kunst beherrscht, auch den tristesten Regen in leuchtendes Grün zu verwandeln.

Und dann gibt es noch das andere Gesicht des Efeus. Es ist ein altes und es dauert viele Jahre, bis er es uns zuwendet. An der rückwärtigen Mauer meines Gartens kann ich es sehen, sowie an alten Häusern oder schmiedeeisernen Parkgittern. Der alte Efeu hat statt Ranken feste Äste, an denen die Blätter in dichten Büscheln sitzen. Sie sind länglicher, heller und weicher als die jungen und haben eine besonders frische

Farbe, einen höheren Glanz. Aber das ganz Besondere ist: Der alte Efeu blüht! Nach all den Jahren mühsamen, angestrengten Kletterns und Rankens macht der Efeu Halt und leistet sich den Luxus zu blühen. Anders als viele von uns, die ihre jungen, dynamischen Jahre hinter sich haben und plötzlich irgendwie eintrocknen und innerlich dahinwelken.

Der Efeu lehrt uns, wie schön ein altes Gesicht sein kann. Wie man aufblühen kann im Alter, wenn man »sich freundlich dem Ratschluss der Jahre beugt und die Dinge der Jugend mit Anmut aufgibt«, wie es in den Desiderata, den Lebensregeln aus der alten Saint Paul's Church in Baltimore, so schön heißt.

Der alte Efeu ist eine Vision für die zweite Lebenshälfte. Es muss nicht immer nur bergauf gehen. Ich kann auch anders, sagt er. Ich bleibe mir selbst treu, wenn ich mich verändere und langsam mache. Im Alter habe ich mehr Geduld und Gelassenheit, da kann etwas ganz Neues in mir aufblühen. Der alte Efeu ist umschwärmt von Bienen, denen er die Süße seiner späten Blüte gewährt. Ein würdiger, bedächtiger, gelassener Gastgeber mit weit ausgebreiteten Armen, dessen grüner Blick freundlich auch den düstersten Schatten erreicht und dem kältesten Frost mit einem Mantel aus Blätterherzen widersteht.

Und dank seiner unzähligen, über die Jahre gewachsenen Wurzeln ist der alte Efeu auch einer, den nichts so schnell erschüttern kann. Einer der Halt gibt, weil er seinen Halt gefunden hat.

Esche

oder Leben im Kraftfeld Gottes

*Wir brauchen im Garten, am Hause oder in nächster
Nachbarschaft ein paar alte Bäume, wenn unser
tägliches Lebensgefühl nicht unter seiner
natürlichen Höhe und Kraft bleiben soll.*
KARL FORSTER

Die Nordseite unseres Hauses wird von einer vielstämmigen Esche beschirmt. Sie steht zwar auf dem Grundstück unserer Nachbarn, aber man würde sie völlig verkennen, wollte man behaupten, dass sie irgendjemandem »gehört«. Sie füllt ihren Platz mit einer solchen inneren Souveränität und Kraft aus, dass sie nur sich selbst gehören kann. Trotzdem spüre ich in ihrer Nähe immer wieder ein Gefühl von Loyalität und Zusammengehörigkeit, gestützt durch die wohlwollende Art, wie sie unserem Haus und damit auch uns den Rücken stärkt.

Die enge Verbindung zwischen Baum und Mensch ist uralt. Bäume vermitteln alte Weisheiten und auch geistliche Einsichten, die uns Menschen verloren zu gehen drohen. Wie der heilige Bernhard von Clairvaux brauchen wir die Bäume als unsere Lehrmeister. Auch für die heilige Katharina von Siena gehören Menschen und Bäume zusammen. Darum vermittelte sie in ihren Dialogen mit Hilfe eines Baumes die Grundlagen spirituellen Wachstums.

Der *Erdboden* steht bei Katharina für das, was wirklich ist. Wie ein Baum habe ich nur einen Platz in dieser Welt, wo ich lebe, liebe und arbeite. Gott hat jedem einen Ort auf diesem Planeten zugedacht, den nur er einnehmen und ganz ausfüllen kann. Die Bedingungen sind nicht alle gleich, jeder findet einen anderen Boden vor. Aber überall steckt Gottes Kraft darin. Wer sie für sich entdeckt, kann Baumeskräfte entwickeln und seine Anlagen sichtbar im Sonnenlicht entfalten.

Der *Baumstamm* ist für Katharina das Wichtigste und verkörpert deshalb die Liebe; sie ist die Grundlage unseres Daseins. Die Liebe gibt uns Halt, sie richtet uns auf, sie strebt dem Himmel entgegen und sie kann immer noch eins »zulegen«, so wie der Baumstamm einen Jahresring nach dem anderen hervorbringt. Glaube hat wie ein Baum nur das eine Ziel, so lange in der Liebe zu wachsen, bis sie ganz ausgereift ist. Bis unsere Liebe, fest und stark wie ein Stamm, Himmel und Erde verbinden kann. Durch den Stamm fließen auch alle Energien des Baumes. Er fungiert als Transformationszentrum für alle Einflüsse, die von außen auf den Baum einwirken. Ein Baum nimmt sich Zeit, alles zu verdauen, und kann vielleicht deshalb so vieles überdauern. Darum ist das Innere des Stammes für Katharina von Siena die Geduld. Die Geduld von Jahrmillionen natürlichem Wachstum, die unser kleines persönliches Leben mit dem großen Pulsschlag vergangener und zukünftiger Zeitalter verbindet.

Die *Wurzeln* versorgen den ganzen Baum mit Nährstoffen. Sie stehen für die Gabe der Selbsterkenntnis. Die Erkenntnis meiner selbst ist dazu da, dass sie mir hilft in der Liebe, dem Stamm, zu wachsen. Selbsterkenntnis verankert uns in der Wirklichkeit, ein gut verwurzelter Baum übersteht so manchen Sturm. Auch uns haut so schnell nichts um, wenn Aufrichtigkeit durch unser mentales Wurzelsystem fließt.

In den *Ästen,* die sich ausbreiten und in den Himmel ragen, sieht Katharina ein Symbol für die geistliche Unterscheidungskraft. Sie bringt Klarheit und Bewusstheit in unser Leben. Sie streckt sich aber auch nach der Sonne der Gerechtigkeit aus. Zu Gott hin wachsen bedeutet dann, den Blick zu schärfen für die globalen Ungerechtigkeiten, die anderen Menschen Gesundheit, Glück und Lebensraum rauben.

Wo Bäume sterben, geht es auch den Menschen nicht gut. Wo Bäume grünen, blüht auch die Seele auf. Ihre gemeinsame Lebensgrundlage ist das globale Kraftfeld Gottes: »Alle Bäume sollen in Begeisterung ausbrechen, denn Gott kommt! Denn er kommt und organisiert ein neues Kraftfeld auf der Erde, beschenkt uns mit globaler Gerechtigkeit und seiner Wahrheit, die dem Bewusstsein aller Völker entspricht« (frei nach Psalm 96,12–13). Wenn unsere Seele ihren Platz im Kraftfeld Gottes eingenommen hat, gleicht sie dem gesunden Baum in Katharinas Gleichnis. Oder »meiner« freundlichen Esche, die mir täglich den Rücken stärkt.

Farn

oder Lob des Schattens

*In der Seele liefert der Schatten die Energie
für das Licht.*
BERT HELLINGER

Farne gehören zu den ältesten Pflanzen der Welt. In Versteinerungen haben sie ihre Gestalt hinterlassen. In der Urzeit waren sie riesige Bäume, von denen es noch Nachkommen in Neuguinea gibt. Die große Pflanzengruppe der Farne gibt es auf jedem Kontinent – und so stellen sie nicht nur zeitlich, sondern auch global Verbindung her.

Was mir rasch auffiel, war die Gegensätzlichkeit der alten Farnnamen. Weil sie in den düstersten Gegenden vorkommen, in die sich kaum ein Mensch traute, bezeichnen ihre volkstümlichen Namen oft das Unheimliche, Dunkle und Bedrohliche: Hexenkraut, Zigeunerblätter, Hurenkraut oder Widertod. Umgekehrt tragen Farne aber auch Namen fürstlichen oder himmlischen Ursprungs wie Königsfarn, Christwurz oder Engelsüß (ein volkstümlicher Name für den Gemeinen Tüpfelfarn, den Engel auf die Erde gebracht haben sollen). Bei keiner Pflanze sind Licht und Schatten so untrennbar vereint wie beim Farn.

Im Schatten sind die Lichtverhältnisse eingeschränkt, es ist nicht richtig hell und sonnig, aber auch nicht richtig dunkel. Eigentlich stellen die Schattenbereiche im Garten die größte Herausforderung für einen Gärtner dar. Hier muss er am meisten differenzieren. Ist das nun lichter Schatten, Halbschatten oder ein völlig schattiger Bereich? Oder eine der unzähligen Spielarten dazwischen? Die Schattenlagen verlangen die Gabe der Unterscheidung. Ein Gärtner muss sich auskennen mit Hell und Dunkel, Licht und Finsternis, wenn er seine Pflanzen auswählt. Was macht sie geeignet oder ungeeignet für diese Lage? Je genauer ein Gärtner den Schatten studiert, desto besser kennt er die Lichtverhältnisse.

In der japanischen Gartenkunst spielen Licht und Schatten und damit die Farne eine große Rolle. Sie gehören als wichtige Stilmittel in die stillen und harmonischen Schattengärten Asiens. Die Schönheit dieser Gärten entfaltet sich nicht im grellen Sonnenlicht oder in gleißenden, hitzeflimmernden Blütenfarben. Wenn überhaupt Farben – neben den Formen – in die Wirkung einbezogen werden, dann wählen japanische Gärtner mit Vorliebe subtile Zwischentöne und decken damit auf, was Farben eigentlich sind: eine mehr oder weniger intensive Anhäufung von Schatten.

Für Japaner entspringt Schönheit im variationsreichen Schattenspiel, das sich zwischen den benachbarten Pflanzen und ihren verschiedenen Formen und Strukturen entfaltet. Wenn es an Licht fehlt, dann vertiefen Japaner sich eben in die Dunkelheit und suchen in ihren feinen Nuancen und abgestuften Schattierungen das Schöne. Je geheimnisvoller und umfassender das Dunkel, desto schöner und atemberaubender der Moment, wo eine weiße Azaleenblüte wie hingetuscht im Dunkeln aufleuchtet oder ein Farn sein hellgrünes Gefieder in eine schmale Lichtschneise hebt, um am äußersten Blattrand ein paar kristallklare Tautropfen über dem dunklen Grund schweben zu lassen. Die Schönheit ist für einen japanischen Gärtner also nicht von der Dunkelheit zu trennen. Im Gegenteil: Die Schönheit tritt aus der Dunkelheit hervor.

Darum der Rat: Wer Erkenntnis sucht, sollte das Dunkel kennen und achten. Das gilt sowohl für die eigenen Schattenanteile als auch für die anderer Menschen (die offensichtlich alle längere und schwärzere Schatten werfen als wir selbst ...). Schatten ist ein Begriff, den der Schweizer Arzt C. G. Jung in die Tiefenpsychologie eingeführt hat, um alle unsere dunklen, also unbewussten und noch nicht in die Selbstwerdung einbezogenen Persönlichkeitsanteile zu beschreiben. Wer also weiß, wie Meister Eckhart es formulierte, dass der Grund der Seele dunkel ist, muss darum noch lange kein Gefangener der eigenen Schattenanteile bleiben. Er kann auch in der eigenen Dunkelheit Gott begegnen und daran wachsen. Auch die Selbstkonfrontation gehört zum Weg des Glaubens.

Es gibt Mystiker, die sagen, dass sie erst in der Begegnung mit dem dunklen, dem apophatischen Gott zum Urgrund der Dinge geführt wurden. Von dort her bringen sie dann die Gabe mit, die Dunkelheit, aus der wir alle stammen und von der wir alle etwas im Herzen tragen, furchtlos zu lieben. Das Dunkel hat sie barmherziger, mutiger und menschenfreundlicher gemacht. Solche Menschen gleichen den großen Schattenfarnen, die ihre langen Wedel zu einem Trichter bündeln und so optimal Licht auffangen. Sie sind es, die einen dunklen Hintergrund, eine trostlose Umgebung aufhellen und beleben.

Und noch ein Bild für die Seele schenkt uns der Farn: Versteinerte Riesenfarne aus der Urzeit bildeten mit anderen Pflanzen die Substanz für unsere Steinkohle. Auf diese Weise haben die schattenliebenden Waldbewohner noch Jahrtausende nach ihrem Absterben für Wärme und Licht gesorgt. Also nur Mut! Auch in der Seele liefert der Schatten die Energie für das Licht.

Feuerdorn

oder Im Leiden wachsen

*Was bedeutet es letztlich,
ob Gott aus Dornen oder aus Blumen zu uns spricht?*
FRANZ VON SALES

Dicht an unserem früheren Haus wuchs in einem geschützten Winkel ein Feuerdorn. Er war entsetzlich stachelig. Seine Dornen waren lang und spitz. Nicht einmal hineingreifen mochte ich in das enge, verwachsene Gestrüpp. Man ritzte sich schnell die Hand blutig. Immer wieder kam mir deshalb der Gedanke, den grimmigen Feuerdorn herauszureißen und an seiner Stelle freundliche Blumen zu pflanzen. Bis ich eines Tages auf den Satz von Franz von Sales stieß: »Was bedeutet es letztlich, ob Gott aus Dornen oder aus Blumen zu uns spricht?« Aus Blumen ja, aber aus Dornen?

Natürlich fiel mir der berühmte Dornbusch im Alten Testament ein, aus dem heraus Gott zu Mose sprach. Als ich alte jüdische Bibelauslegungen dazu studierte, fiel mir auf, wie wichtig es ihnen schien, dass es ein *niedriger* Busch war. Rabbi El'assar ben Aroch fragte sich, warum Gott nicht aus der Mitte eines hohen Baumes gesprochen habe, etwa einer edlen Dattelpalme. Darin hätte sich doch die Erhabenheit Gottes wunderbar ausgedrückt. Aber Gott sagte, so der Rabbi: »Mein Volk wird erniedrigt und eingeengt. Darum bin ich mit ihm im Dornbusch, an einem engen Ort. Ihm zuliebe wohne ich an diesem Ort der Bedrängnis und halte mit ihm darin aus.« Gott ist in diesem von Dornen verteidigten Busch gegenwärtig, und zwar »im Herzen des Feuers« – da, wo uns etwas auf der Seele brennt.

In ihrer Weisheit sahen die alten Rabbiner, dass die Geschichte vom brennenden Dornbusch eine Geschichte für leidende Menschen ist. Mitten im Dornbusch, an diesem geheimnisvollen Punkt hinter den Dornen und Stacheln, findet die zarte und verletzliche Seele des Menschen einen Ort, wo ihr Gott mitfühlend und zart begegnet. Wo sich der große Gott ganz klein macht, um bei ihr zu sein. Wo Gott sie nicht allein lassen will in ihrem Schmerz. Wo die Seele erlebt: In diese erniedrigende, schmerzliche Erfahrung ist Gott mit mir gegangen und ist bei mir. Das Feuer des Leidens ist um uns, aber es kann uns beide nicht zerstören. Nichts verbindet mehr, als wenn jemand mit uns unseren Schmerz teilt und mitträgt.

Wenn wir leiden, blutet unser Herz. Die Seele ist nackt und bloß. In diesem Zustand sind wir extrem verletzlich. Jeder erfahrene Seelsorger weiß, dass Menschen mit großem Kummer auf der Seele oft besonders »stachelig« und abweisend sind. Instinktiv wollen sie keinen näher an sich heranlassen, weil sie fürchten müssen, noch mehr verletzt zu werden. In einer solchen Situation kann das Bild vom stacheligen Dornbusch der Seele guttun: Kriecht man in seiner Vorstellung mitten in den Dornbusch hinein, so erlebt man zwar mit den Dornen noch einmal die verletzende Erfahrung, entdeckt aber auch, dass man im Inneren des Dornbusches überraschend geborgen sein kann. Er bietet einem verwundeten Herzen den Schutz, den es braucht, und die Nähe Gottes, die heilt. Wer den Weg in das behütete Herz des Dornbusches gefunden hat, findet darin zu einer neuen Intimität zwischen sich und Gott.

Jedes Jahr brütete bei mir im Feuerdorn eine Amsel. Sie wusste, wie gut das Nest mit ihren winzigen nackten und gefährdeten Jungen geschützt war, wenn sie es mitten ins Dornengestrüpp baute. Wenn sie ihre Jungen erst lange genug umsorgt und genährt hatte, fanden diese ganz alleine den Weg hinaus, ohne sich vor den Dornen fürchten zu müssen. Mitten im Dornbusch können einer verletzlichen und nackten Seele Flügel wachsen. Die Amselmutter und der Feuerdorn sind zwei kluge Seelsorger.

Flieder

oder Die Zärtlichkeit des Augenblicks

*Wenn du willst
wird der Flieder
zärtliche Augen haben ...*
ROSE AUSLÄNDER

Unsere beiden Fliederbüsche sind ziemlich steife Gesellen. Schon etwas ältlich und sperrig mit ihren ausladenden Ästen und staksigen Zweigen. Sonderlich attraktiv sind diese Sträucher nicht. Die meiste Zeit im Jahr stehen sie etwas hölzern im Garten herum, wie zwei alte Junggesellen, die sich in Gesellschaft nicht so recht wohl fühlen und sich darum gerne etwas ruppig und verschlossen geben.

Dass der Flieder in Wirklichkeit eine gefühlvolle, ja zärtliche Natur ist, verraten nur seine hübschen herzförmigen Blätter mit den starken Adern. Offenbar wird das im Mai, wenn der Flieder blüht. Für den großen amerikanischen Poeten Walt Whitman war der blühende Fliederbusch ein zärtliches Wunder, »verschwistert mit dem Gesang meiner Seele«. Denn zur Blütezeit legt der Flieder plötzlich seine spröde Zurückhaltung ab. Anmutig wird er und weich. Betörend duftende Traubenbüschel quellen zwischen den zartgrünen Blätterherzen hervor. Ich habe mich immer darüber gewundert, wie unbekümmert und gelassen der Flieder seine kostbaren Blütendolden über Zäune und Mauern hängen lässt.

Gibt es ein schöneres Bild für uneingeschränkte Zuneigung, die sich da in unerschöpflich süßem Duft und damastweißen, purpurroten oder blassvioletten Blütenwolken ergießt? Die Zugeneigtheit des Flieders ist eine opulente Liebeserklärung an den Frühling, an Gottes Schöpfung, an das Leben. An die Welt, wie sie ist. An die Zuverlässigkeit im Herzen aller Dinge, die wir immer wieder erfahren.

Lebendige, mutige Zuneigung zur Welt ist ein Akt des spontanen Vertrauens. Der Flieder vertraut darauf, dass man seine arglose Zuneigung nicht missachtet und ihn nicht seiner Fülle beraubt. Er misstraut niemandem und beschenkt alle. Seine uneingeschränkte Zuneigung hat ihren Schutz darin, dass sie dem inneren Impuls der Liebe folgen kann. Wobei sie sich in jedem Augenblick auf die eigene schöpferische Fülle und Erneuerungskraft verlässt. Echte Zuneigung ist darum auch Verklärung des Augenblicks und seines inneren Reichtums.

Der blühende Flieder ist ein überaus zärtlicher Augenblick. Solche Zärtlichkeit kann nur weiterbestehen, wenn wir sie unter unseren Schutz stellen. Indem wir uns bewusst machen, wie verletzlich nicht nur der Flieder, sondern wir alle sind. Erst wenn wir voneinander wissen, was dem anderen wehtut, können wir uns so berühren, dass eine lieb gemeinte Geste nicht als Übergriff oder Verletzung missverstanden wird. Zärtlichkeit setzt nicht nur eigenen inneren Reichtum, sondern auch Bewusstheit für sich und den anderen voraus. Dann kann unsere Zärtlichkeit jeden Augenblick erleuchten. Lernen kann man diese reife Form der Zuneigung beim zärtlichen Flieder. Wer ihm in die Augen schaut, erlebt eine gleichermaßen exquisite wie behutsame Durchdringung und Hervorhebung des Augenblicks, die niemals wehtut, aber immer heilt.

Frost

oder Innehalten im Vakuum

*Gottes Gnade füllt leere Räume,
aber sie kann nur dann eintreten,
wenn es ein Vakuum gibt, das sie empfängt;
und es ist die Gnade Gottes,
die dieses Vakuum schafft.*
SIMONE WEIL

Weil ich von Haus aus kein sehr geduldiger Mensch bin, war in meinem Sabbatjahr (ein Jahr berufliche Pause) eine meiner großen Aufgaben, mich in Geduld zu üben und das Warten zu lernen. Die Natur, besonders die lange winterliche Ruhe, war eine strenge Lehrmeisterin für mich. Ich empfand jenen Winter als »die Zeit eines verirrten Lebens«, wie es in der Legenda aurea so treffend heißt, und mühte mich, meine innere Orientierungslosigkeit und den äußeren Stillstand auszuhalten.

In meiner Ungeduld eilte ich aber dem Jetzt immer voraus, dem Frühling entgegen. Manchmal hatte ich beim Betrachten der kahlen Bäume und Sträucher den ohnmächtigen Wunsch, an den Zweigen zu ziehen, um sie zum Ausschlagen zu bringen. Ich konnte die Erstarrung des Winters nicht aushalten, geschweige denn verstehen oder würdigen. Ich war nie gegenwärtig, obwohl ich mich in meinen Meditationen darum bemühte. Selbst die verschiedenen Tageszeiten glichen im fahlen Winterlicht einander so sehr, dass ich mich permanent nach Unterbrechung und Aufbruch sehnte.

Warum dieses große Innehalten und Schweigen? Warum diese tonlose Kälte und Starre? Warum dieser Verlust an Farben und Blüten, warum dieser Mangel an Licht, diese allgemeine Auflösung in kaum unterscheidbare Grautöne? Die große Lektion, die ich im langen Winter meines Sabbatjahres mühsam von meinem Garten erlernte, war eine komplementäre Weisheit: Das, was nicht ist, vertieft das, was ist. Sein und Nichtsein erzeugen einander. Durch Nicht-Handeln bleibt nichts ungetan.

Eines dämmrigen Nachmittags stand ich müde von meinem wochenlangen Widerspruch gegen die karge, nicht grüne Leere im schlafenden Garten. Endlich nahm ich ihn wahr, wie er war, ohne Widerstand, ohne Wünsche. Die Natur hat keine Probleme mit der Leere. Sie leistet sich gigantische leere Räume und Zeiten. Es gibt im Universum mehr leeren Raum als Materie. Auch die Atome unseres Körpers bestehen aus riesigen leeren Zwischenräumen zwischen winzigen subatomaren Teilchen. Ich selbst war leer und lag brach wie mein im Frost erstarrter Garten. Ich war mehr Nicht-Ich als Ich. Aber ich wehrte mich nicht mehr dagegen.

Stattdessen spürte ich plötzlich eine große warme Welle des Einverstandenseins in mir aufbranden. Eine Flut der Zustimmung und der Freude über diese schweigende, geduldig ruhende Welt durchfloss mich. Ich sah keinen Stillstand mehr in den eisbedeckten Zweigen von Pfaffenhütchen, Schneeball und Kirschlorbeer, sondern ihr höchstes Gegenwärtigsein im Nicht-Blühen. Wohin ich auch sah und was ich auch in mir spürte, es war ein hoch konzentriertes und gleichzeitig aufs Äußerste gelassenes »Nicht-Jetzt«.

Die verträumten Blütensterne der Waldrebe: Nicht-Jetzt. Die rosa gedrehten Spindeln der Rosenknospen: Nicht-Jetzt.

Die sanften Spiralen des sich entrollenden Tüpfelfarns: Nicht-Jetzt. Alles floss unaufhörlich ins Nichts und mündete damit in eine gesteigerte Art des Daseins, ohne dass irgendeine Bewegung oder Veränderung dazu nötig gewesen wäre. Die Stille selbst war die Bewegung, die jenseits von sich zur Ruhe gekommen war. Es war aufregend und zutiefst beruhigend zugleich. In diesem Moment konnte ich das Nicht-Jetzt der Natur mit vollziehen. Ein großes heiliges Einverstandensein mit diesem Nicht-Sein durchpulste den Garten und die Welt jenseits seiner Begrenzungen. Es stand plötzlich da als sein Gegenteil, ein kaum fassbares, alles erfüllendes Sein im Jetzt. Es schloss auch die Übergänge ein, die in jeder Form unseres Daseins die nächste vorbereiten und den Wandel vollziehen. Frühling, Sommer, Herbst und Winter flossen ineinander und verliehen all dem, was gegenwärtig nicht war, eine völlig neue Qualität von Tiefe und Sein.

Gänseblümchen

oder Vom Trost der kleinen Dinge

*Als spiegelte der Kreis der Sternenbilder
in einem Wasser seine stille Pracht,
so schimmern auf dem Rasenrund, nur milder,
die Gänseblümchen durch die Nacht.*
MANFRED HAUSMANN

Viele kleine Gänseblümchen weben Jahr für Jahr ein weiß-rosa Sternchenmuster in unseren Rasen. Sie gehören den Kindern. Keine andere Blume schaffte es, sich so sehr die Herzen unserer Kinder zu erobern wie das simple Gänseblümchen. Kleine dicke Sträuße mit viel zu kurzen Stängelchen wurden in Eierbecher gestopft, Kränzchen für den Puppengeburtstag geflochten, Fahrräder damit geschmückt und Kuchen aus Sand damit verziert. Die Kleesuppe für den Osterhasen wurde erst mit Gänseblümchen wirklich schmackhaft. Mit Gänseblümchen und Steinchen wurden hübsche Muster auf die Gartenplatten gezaubert. Gänseblümchen bedeckten die kleinen schattigen Kaninchengräber hinter der großen Buchsbaumkugel. Und im sonnenbeschienenen Brunnenbecken verwandelten sie sich in eine verträumte Blütenflotte. Das Gänseblümchen beflügelte die Fantasie und forderte sie immer wieder heraus.

Friedrich Nietzsche, der Vor-Denker des Großen, besaß einen unbestechlichen Blick für die Herausforderung durch kleine und schlichte Dinge. Sie seien eigentlich für die Großen da: »Für die großen Landschaftsmaler sind die anspruchslosen Gegenden da, die merkwürdigen und seltenen Gegenden aber für die kleinen ... Der Große legt Fürsprache für die schlichten Dinge ein.«

Warum sollte sich ein großer Könner zum Fürsprecher der schlichten Dinge machen? Weil er die Größe im Kleinen nicht nur erkennen, sondern auch ausdrücken und meistern kann. Worin liegt die Größe der kleinen Dinge? Seltsam verborgen hält sie sich. Wenn ein kleiner Geist sie ansieht, bleiben sie klein. Wenn ein großer Geist sie ansieht, werden sie groß. Goethe, Mozart, Picasso schufen nicht nur großartige Kunstwerke aus Worten, Tönen oder Farben. Ihre Genialität zeigte sich auch darin, dass sie sich auch an sehr kleinen Dingen entzünden konnte. Über das Kleine kamen sie zu sich selbst und wuchsen über sich hinaus. Wer in seinem Inneren viel Raum für das Kleine hat, weiß: Die überfließende Gottheit steckt auch in den allerkleinsten Dingen. Sie haben die Macht, unendliche Fülle zu sich herabzuziehen und in sich aufleuchten zu lassen.

Aus Schmerz, aus Kummer befreien uns selten große Worte oder Einsichten. Empfänglicher im Leiden, in der Einsamkeit, im Schmerz sind wir für das Kleine. Es kommt weniger gewaltig daher, einfacher, bescheidener, stiller, sanfter. Das Kleine, das Schlichte hat eine unglaubliche Kraft, uns anzurühren und uns zu verwandeln. Es sind die kleinen Gesten und Zeichen des Mitgefühls, die kleinen Sätze des Verstehens, die kleinen Augenblicke wiederkehrender Freude, die vielen kleinen Versuche, Licht ins Dunkel zu bringen. Für das Kleine braucht man ein mutiges Herz, das vor Armseligem nicht erschrocken zurückweicht. Für das Kleine braucht man ein wissendes Herz, das den göttlichen Geist in winzigen Dingen atmen sieht. Für das Kleine braucht man ein großes Herz, das sich vor Zartem verneigen kann. Für das Kleine braucht man ein Herz, wie die Kinder.

Gänseblümchen sind Anwälte der kleinen Gesten. Sie ermutigen uns auf herzliche bescheidene Weise. Wenn man auf einer Gänseblümchenwiese liegt, spürt man diese Zuversicht im Kleinen, die der Dichter Albrecht Goes allen kleinen Blumen zugesprochen hat: »Und ob es gleich wahr ist, dass sie nur helle dünne Stängel, kleine, farbige Blüten und herzlich bescheidene Duftgebilde sind, so ist doch auch wahr, dass sie in ihrer völligen Armseligkeit reine Zeichen sein können von der Gewalt der kleinen Dinge. Und es kann sein, dass diesem kleinen Leben gegeben ist, dich mit großem Troste zu trösten.«

Gartenarbeit

oder Der Dialog mit dem Notwendigen

> *Die Wechselbeziehung*
> *zwischen der Notwendigkeit*
> *und dem freien Akt der Aufmerksamkeit*
> *ist ein Wunder.*
> SIMONE WEIL

Sich in einem schönen Garten aufzuhalten lieben fast alle Menschen. Die solcher Schönheit vorausgehende Gartenarbeit ist weniger beliebt. Auch wenn man wie ich gerne als Hobbygärtner im Freien werkelt, so macht ein schöner Garten zweifellos Mühe. Es heißt also ganz zu Recht Gartenarbeit, nicht Gartenspiel, wenn ich in meiner Freizeit den Garten pflege. Warum empfinde ich dann diese Form der Arbeit trotz allem als erholsam, voller Sinn, inspirierend und äußerst befriedigend?

Beim Gärtnern wird die Arbeit von meiner Offenheit für das Notwendige bestimmt. Ich tue jetzt das, was jetzt zu tun ist. Das Gras ist gewachsen, jetzt mähe ich es. Der Kompost ist reif, jetzt setze ich ihn um. Der nasse Schnee drückt schwer auf den Zweigen, jetzt schüttle ich ihn ab. Bei der Gartenarbeit geht es zu wie im Märchen von Frau Holle. Wer in den Brunnen seiner inneren Tiefe gefallen ist, kann von ganz unten das Wissen darüber schöpfen, was wirklich notwendig zu tun ist. Wer bereit ist für die »Heilige Arbeit«, der erkennt seine momentane Aufgabe mühelos. Der hört wie die Goldmarie den Zuruf all dessen, was reif ist. Sie ist im Dialog mit der Erde, die sie trägt und nährt und zum Ausgleich nach ihrer Hilfe im Augenblick der Vollendung ruft. Und so schüttelt Goldmarie den Apfelbaum ohne Zögern und sammelt ein, was ihr als Frucht im Leben gewährt wird. Das macht Arbeit, muss aber nicht Überlastung bedeuten. Wie vieles ist in diesem Augenblick ja auch *nicht* zu tun! Die meisten Aufgaben im Leben stellen sich eher hintereinander, nicht gleichzeitig. Goldmarie tut nur das, wozu die Zeit gerade reif ist. Aber das tut sie sofort, unmittelbar, kompetent und vollständig. Ihre Sorgfalt und Gelassenheit im Handeln zeigen, wie gut sie es bei aller Dringlichkeit der Aufgaben versteht, aus ihrer »inneren Tiefe« heraus zu arbeiten.

Ganz anders dagegen die Pechmarie, die sich nur um des Lohnes willen und widerwillig an die Arbeit macht. Der Psychologe Otto Rank sah im ausgeprägten Widerstand gegen die Arbeit ein Indiz für einen »tiefen Mangel in der Persönlichkeit«. Die faule Pechmarie hat Angst vor dem inneren Dialog mit dem Notwendigen. Um ihre Autonomie nicht zu verlieren, weigert sie sich, durch Arbeit der Natur etwas zurückzugeben. Heilige, innere Arbeit bleibt ihr fremd. Ihre Persönlichkeit nutzt nicht die Chance, dank Arbeit von innen her zu erstrahlen wie bei Goldmarie. An der Faulen bleibt das Pech der Fremdbestimmung beim Arbeiten kleben.

Das Wunderbare beim Gärtnern ist, dass es uns den Weg der Goldmarie lehren kann. Im Garten wird unsere Arbeit vom Rhythmus der Jahreszeiten bestimmt und von den Bedürfnissen der Pflanzen. So lehrt sie uns, ein Ohr und ein Auge dafür zu entwickeln, was jetzt mit uns in Dialog treten und uns beanspruchen will; was eine Weile uns braucht und uns dann wieder in Ruhe lässt bis zu einem späteren »Anruf«. Gartenarbeit ist ein innerer Akt der wachen Zuwendung und des Sicheinfügens in die Schöpfung, äußerlich ausgedrückt durch die Pflege eines realen Stücks Erde. Ganz egal, ob wir einen Park oder ein Vorgärtchen pflegen, diese Arbeit ist niemals oberflächlich, sondern eine im wahrsten Sinne des Wortes gut geerdete Arbeit, die unser Herz erleuchtet und die Schöpfung feiert. 🍀

Garten Eden

oder Wachstumschancen der Erkenntnis

*Das Buch der Bücher beginnt
mit einem Mann und einer Frau in einem Garten –
und schließt mit Offenbarungen.*
OSCAR WILDE

Die Geschichte vom Garten Eden, dem Paradies, ist in erster Linie keine Geschichte der Versuchung, sondern der Suche. Von Anfang an und durchgehend ist sie eine Suche nach Beziehung. Sie beginnt mit Gottes sehnsüchtiger Suche nach einem passenden Ebenbild und Gegenüber. So erschafft er Adam. Dann merkt Gott, dass dieses Geschöpf Adam ihm so ähnlich geworden ist, dass es ihm gehen wird wie ihm selbst: es wird nicht allein sein wollen, sondern braucht wiederum ein Gegenüber. Gott erkennt die Sehnsucht des Menschen nach Beziehung, noch bevor dieser sie selbst spürt. Eine neue, gemeinsame Suche beginnt im Garten Eden. Gott erschafft ein Tier nach dem anderen und bringt es zu Adam. Der findet zwar passende Namen für alle, aber keine geeignete Gefährtin dabei. Zur gemeinsamen Suche nach Beziehung gehören auch Fehlschläge. Aber es bleibt heiliges, schöpferisches Tun. Alle Tiere werden mit einem Namen gewürdigt und finden ihren Platz im Garten Eden, auch wenn sie »nur« Vorläufer dessen sind, wonach Adams Herz sich sehnt. So wird das Paradies zu einem geschützten Ort, an dem die Unterscheidungskraft und Erkenntnisfähigkeit des Menschen wächst, während er mit Gottes Unterstützung das Echolot seines Herzens immer feiner auf die eigentlich ersehnte Beziehung ausrichtet. Bis er – wie Adam mit schlafwandlerischer Sicherheit – sagen kann, genau die ist es, nach der ich mich so gesehnt habe. (Bis heute ist das der Wunsch aller Evas, so gesucht und gefunden zu werden ...)

Der Garten Eden war nie ein statischer Ort. Sonst hätte er den Namen Garten gar nicht verdient. Er war von Anfang an ein Ort der Reifungsprozesse und der damit verbundenen Wachstumschancen. Erkenntnis seiner selbst und Erkenntnis Gottes ist der ursprünglichste und wichtigste Auftrag eines Menschenlebens. Glück und Schmerz, Versagen und Gelingen, Irrtümer und Einsichten, Liebe und Leid begleiten diesen Entwicklungsprozess. Gottes Konzept war, dass alles Suchen, Erwägen, Überprüfen, Verwerfen, Hinzulernen und Benennen in Beziehung mündet und die Liebe vermehrt. Der Sündenfall, das von Gott isolierte Suchen und Denken von Adam und Eva, wird buchstäblich zur nackten Erkenntnis dessen, was trennt. Sie mündet im Abbruch von Beziehung.

Die Paradiesgeschichte erzählt nüchtern von den frustrierenden Erfahrungen mit der eigenen Sehnsucht, die in eine falsche Richtung gelaufen ist. Dabei hätte die Geschichte ja auch anders weitergehen können: Nach dem Biss in den Apfel der Erkenntnis hätten sich Adam und Eva mitsamt dem sie quälenden Gefühl ihrer Scham ihrem Schöpfer in die Arme werfen und die Trennung wieder aufheben können. Voller Vertrauen zu Gott und seiner Liebe. Aber sie hatten Angst vor ihm. Das ist Getrenntsein, das Gegenteil einer Liebesbeziehung. Sie konnten ihn sich nicht als ihren Tröster vorstellen, der ihnen allen Kummer abnimmt und alle Tränen von ihren Augen abwischt, wie es in der Offenbarung heißt. Nichts anderes ist der Sinn von Gottes verzweifeltem Ruf:

Adam, wo bist du? Es ist kein Ruf der Anklage, sondern ein Ruf der Klage. Man muss darin den Schmerz Gottes hören, der sein geliebtes Gegenüber verloren hat. Und der sich bei keinem Menschen vorstellen kann, dass er vor ihm wegläuft. Denn Gottes eigenes Sein ist immer auf uns ausgerichtet, auf Beziehung zu uns, auf innigste Nähe und Liebe. Die Liebe findet sich nicht mit Getrenntsein ab. Die Liebe sucht nach uns Menschen. In der Hoffnung, dass wir bereit sind, uns an unsere göttlichen Wachstumschancen als geliebte Geschöpfe und Ebenbilder Gottes zu erinnern. Und dass aus unserem Herzen wieder ein Garten Eden wird, in dem wir uns finden lassen, wenn die Liebe uns ruft.

Geißblatt

oder Umschlungen von Liebe

*Blühendes Geißblatt verbände
des Gartens Lillagebüsche,
Und umatmete süß
meine verborgene Bank ...*
JOHANN GAUDENZ VON SALIS-SEEWIS

*E*s gibt Gärten, die einen aufnehmen wie ein Zauberreich. Sie produzieren einen Lockstoff, der uns magisch in sie hineinzieht und dafür sorgt, dass wir sie nie wieder verlassen wollen. Sie mixen die sommerliche Pracht der Blumen, die milde Luft, die üppige Fülle der Sträucher und Stauden, das Sternenlicht einer Sommernacht zu einem unwiderstehlichen Cocktail zusammen und zaubern sie herbei, unsere Sehnsucht nach Hingabe. Unsere Liebhaber-Energie erwacht. Der Garten, so klopft unser Herz, wartet auf das Paar.

Die Magie des Augenblicks verlangt nach einem zauberhaften Ort für die Begegnung mit dem Anderen, dem ersehnten Du. Kein Haus braucht es zu sein, eher etwas Leichtes, Inspirierendes, in dem möglichst viel Natur ist, süß duftend. Ein offenes Zimmer für das Stelldichein der Liebenden. Ein Pavillon, eine Laube, halb verhüllt von den langen Lianen des Geißblatts, die sich von dem, was sie einmal umschlungen haben, nicht mehr trennen lassen, ohne dass es sie zerstören würde. Das wohlriechende Geißblatt, auch »Jelängerjelieber«

oder »Nachtfräulein« genannt, ist eine unschlagbar romantische Pflanze. Eine faszinierende Mischung aus ewiger Liebe und spontaner erotischer Verführung. Keine andere kann sich so wie sie anschmiegen und das Objekt ihrer Begierde in unzähligen sich windenden Ringen umschlingen und festhalten.

Beim Geißblatt dominiert eindeutig die erotische Seite der Natur. Für Schmetterlinge und Nachtfalter richten sich die schlanken Blütenröhren nachts auf, sie neigen sich ihren Faltergästen entgegen und betören sie mit einem süßen Duftschwall. Insekten und Blütenkelche sind füreinander gemacht. Alle Blumen und Blüten sind schließlich Geschlechtsorgane. Tief im Innern aller Pflanzen und Tiere, sagt Dschelaleddin Rumi, sieht man die zitternde Gier. Aber als Mystiker sieht er noch mehr als die sexuelle Begierde, die dem Weiterleben dient. Wenn du tiefer schaust, sagt er, dann siehst du auch, wie sie sich unablässig selber verschenken. Sie transzendieren sich, weil sie sich selbst ganz im anderen verlieren können. Sie existieren nur noch im Du, dem intimsten Namen Gottes.

Es gibt Formen der sexuellen Erfahrung, an denen die Mystik Anteil hat. Und umgekehrt. Liebesmystiker brauchen die Sprache des Eros, um ihre Erfahrungen jenseits des Sagbaren andeuten zu können. Sie nennen die Vereinigung der Seele mit Gott »süße Umarmung«, einen »Kuss des Geistes«. Sie schwärmen von Gott, der mit der Seele das »Minnelager« teilt, auf dem beide sich einander hingeben. »Liebesmystiker sind die ermächtigten Eigentümer der erotischen Sprache«, sagt die Philosophin und Mystikerin Simone Weil. Und die Liebenden seien nur berechtigt, sich ihrer zu bedienen.

Aber warum etwas trennen, was Gott nicht getrennt hat? Die Wege des Eros und der Mystik sind nicht selten so untrennbar miteinander verschlungen wie die Ranken des Je-

längerjelieber. Bänder der Liebe, die alle Spielarten der Liebe unter dem Dach göttlicher Liebe vereinen: Verlocken, Verwirren, Verlassen, Verlangen, Versinken. Ob als Liebender oder als Mystiker oder beides, »nichts bringt dich Gott näher und macht dir Gott so zu Eigen wie dieses süße Band der Liebe. Wer diesen Weg gefunden hat, der suche keinen anderen.« Das war Meister Eckharts Rat. Und daran kann sich die Liebe halten. Je länger, je lieber.

Gethsemane

oder Die Einsamkeit Gottes im Menschen

*Baumknospen stehn von Tränen blind,
Der Himmel hängt so bang und nah,
Und alle Gärten, Hügel sind
Gethsemane und Golgatha.*
HERMANN HESSE

Gute Gärten sind nicht nur Horte des Glücks. Auch für Menschen mit Kummer, Schmerz und Leid öffnen sie sich und gewähren ihnen Zuflucht. Selbst Jesus zog sich in der lebensbedrohlichen Lage vor seiner Verhaftung in einen Garten zurück, der ihm vertraut war und den er schon oft mit seinen Jüngern besucht hatte.

Er verbrachte seine letzte Nacht in Freiheit zwischen den Ölbäumen von Gethsemane. Jesus konnte die Nähe dieser knorrigen Wächtergestalten gut brauchen. Wer einmal in der Dunkelheit zwischen alten silbergrünen Olivenbäumen zum Sternenhimmel aufgesehen hat, weiß, welche Kraft von ihnen ausgeht. Die starken Olivenbäume ziehen selbst aus vertrockneter, karger Erde alle Nährstoffe für ihre schwarzen Früchte zusammen, um sie schließlich der Ölpresse zu opfern. Die Ölbäume von Gethsemane waren die einzigen Zeugen, die einzigen wachen Gefährten von Jesu Einsamkeit, als er blutschwitzend mit seinem bevorstehenden bitteren Schicksal rang.

Gethsemane ist der symbolische Ort für alle Schmerzen, alle Angst, alle Agonie, die Menschen durchleiden müssen. Gethsemane steht für die Notwendigkeit, sich den extremen Abgrunderfahrungen menschlichen Daseins stellen zu müssen. Wie immer sie heißen mögen: Unvorstellbarer Kummer. Unsagbares Leid. Messerscharfer Schmerz. Abgrundtiefe Einsamkeit. Eiskalte Todesangst. Gethsemane ist der Garten des Todes. Oder, in einem Bild von Rainer Maria Rilke, die leidvolle Konfrontation mit dem »gärtnernden Tod«.

Bis heute ist das die schwierigste Aufgabe für die Jünger Jesu geblieben: Sich dieser Konfrontation zu stellen, nicht einzuschlafen und mit wachem Bewusstsein neben Jesus in diesem dunkelsten Teil des Gartens auszuharren. Gethsemane ist die radikale Umkehrversion unseres natürlichen Verhaltens zum Unglück: sich davonzumachen und es zu vermeiden, wo man nur kann. Gethsemane bedeutet, Leiden anzunehmen, ohne dabei in Angst oder Aggression zu versinken. In der Dunkelheit von Gethsemane lauert diese entsetzliche Gefahr. Wer wie Jesus alle Freunde und Mitmenschen um Gottes willen hinter sich lässt, kann zu dem Punkt kommen, dass er alle verlieren, alle verachten, alle hassen könnte aus seiner unbegleitbaren Einsamkeit heraus. Das aber wäre das Ende seiner Gottesliebe. In seinem Seelengarten würde der Same des Hasses aufgehen und nicht der Same der Liebe.

Gethsemane ist ein Garten, in dem man lernt, menschlich zu leiden. Durch die Beete des Leides auf Gott zugehen bedeutet: sein einsames Herz in den Garten der Brüderlichkeit verpflanzen, wo Mitgefühl, Mitleid, Anteilnahme und Trost wachsen. Alles andere wäre mangelnde Liebe zur Wirklichkeit und würde Gottes Schmerz und Einsamkeit mehren. Wenn wir aber dem Leid der Welt mit Liebe begegnen, dann begegnen wir auch Gott, heben seine Einsamkeit auf und lindern seinen Schmerz. Unser eigenes Leid führt uns um

Gottes willen zu anderen Leidenden hin. So kommt es, dass wir mit dem eigenen Schmerz dem Schmerz Gottes über das Leid der Welt dienen. Unser Leid und unser Kummer sind nicht mehr sinnlos. Sie sind mächtige Quellen für unser Mitgefühl, Kelche der Kraft und der Stärkung. Den menschlichen Mut und die göttliche Liebe dafür hat Jesus in der Dunkelheit eines Gartens gefunden. 🌱

Gießkanne

oder Die vier Arten, seine Seele zu wässern

*Ein Segen besonderer Art, denke ich,
während ich mit dem fein eingestellten Gartenschlauch
meine neu gesetzten Pflanzen bewässere
und jeder im Stillen alles Gute wünsche.*
MARILYN BARRETT

Meine liebste Gießkanne aus Zinkblech ist schon ziemlich verbeult und angeschlagen. Sie hat mir im alten Garten gedient und durfte mit in den neuen umziehen, weil sie gerade die Menge Wasser fasst, die ich gut tragen kann. Flüssigdünger und Kalk haben an ihr genagt und vom vielen Stehen im Freien wurde sie auch nicht schöner. Aber sie ist mir trotzdem lieb und teuer, besonders seit ich bei der heiligen Teresa von Avila die vier Arten der spirituellen Bewässerung kennen gelernt habe.

Teresa vergleicht die Seele mit einem wunderschönen Garten, der durch das innerliche Gebet anfängt zu grünen und zu blühen. Dein Seelengarten, sagt sie zuerst einmal sehr einladend und wohlwollend, ist zur Freude des Schöpfers, deiner Mitmenschen und zu deiner eigenen Freude da. Gott und Mensch gestalten den Garten gemeinsam durch ihr liebevolles Füreinander-da-Sein.

Das erlebt man im Gebet. Teresa beschreibt die verschiedenen Stufen des Gebets mit vier verschiedenen Bewässerungsarten, die dem Garten der Seele Energie und Wachstumskraft zuführen.

Die erste Art des Gebets ähnelt dem Wasserschöpfen mit meiner Gießkanne. Bei Teresa ist es ein Eimer, den man von Hand in einen Brunnen hinablässt. Das Wasser im Brunnen steht für die nie versiegende Liebe Gottes. Der Eimer entspricht einem selbst gesprochenen Gebet, das aus dem Herzen kommt. Ganz gleich ob es nun ein fester Text wie das Vaterunser oder ein frei formuliertes Gebet ist. Das Gute an dieser Methode ist, dass sie jeder kennt und leicht anwenden kann. Es gibt nur ein Problem bei der Eimer- oder Gießkannenmethode, findet die praktische Teresa: Es geht in die Arme, es ist mühsam, langwierig und anstrengend. Warum aber umständlich, wenn es nicht auch einfacher geht?

Stattdessen wählt man besser die zweite Bewässerungsart, die wir heute als Rasensprengermethode per Gartenschlauch beschreiben würden. (Teresa spricht von einem Wasserrad mit vielen Schöpfgefäßen, das Wasser durch Rohre in alle Gartenteile transportiert.) Bei dieser Methode liegt laut Teresa der Vorteil sofort auf der Hand: Als Gärtner hat man zwar für die Funktionstüchtigkeit des Sprengersystems zu sorgen und alles anzuschließen. Aber sobald das Wasser läuft, kann man sich ausruhen. Man liegt bequem im Liegestuhl auf der Terrasse und schaut vergnügt zu, wie sich das Wasserrädchen dreht. Stufe zwei beim Beten, das Gebet der Ruhe! Dabei konzentriert sich die Seele nicht auf etwas, das sie macht, sondern auf das, was ihr zuströmt. Sie selbst hält dabei stille und empfängt einfach die Gnade Gottes und leitet sie dann an die anderen Persönlichkeitsanteile weiter. Bis alles schön durchfeuchtet und erfrischt ist. Die Gedanken und Wünsche ruhen währenddessen, die Alltagsfragen haben Pause. Diese zweite Gebetsart ist bereits ein Gebet der Hingabe, bei dem man einfach in der Gegenwart Gottes verweilt und keine Erwartungen damit verknüpft. Es genügt, sich vollkommen auf Gott oder Jesus Christus auszurichten, etwa im Herzensgebet, das keinerlei Absichten verfolgt.

Nun ist Teresa aber noch nicht am Ende mit ihren Bewässerungstipps für die Seele. Statt Gießkanne oder Rasensprenger (Wo ist bloß wieder das Anschlussventil? Wer hat den Schlauch so verheddert?) gibt es noch etwas Besseres: Alles dem Profi überlassen und einen Gärtner anheuern. Der dann das Wasser direkt aus einer Quelle oder einem Fluss durch den Garten leitet. Das ist die dritte Stufe. Wer mit dem inneren Gebet fortschreitet, sagt Teresa, der verbindet seine Seelenkräfte so sehr mit den Kräften Gottes, dass der Schöpfer immer mehr die Arbeit des Gärtners übernimmt, der sich nun völlig ausruhen kann. Die einzige Aufgabe, die noch bleibt, ist, Gott nicht hineinzureden, nicht einzugreifen, nichts zu tun, sondern in Gottes Gegenwart zu verweilen und sich am Duft der Blumen zu erfreuen.

Und weil unter göttlicher Gärtnerhand die Früchte besonders nahrhaft geraten, wächst und gedeiht die Seele ohne eigene Leistung und Anstrengung. Sie weiß, alles ist ein Geschenk des Himmels. Ein tiefer Friede liegt in diesem Wissen und große Freude, die sich auch im Körper ausdrückt. Die Balance zwischen Aktion und Kontemplation ist dabei so gut, dass man in Gott ruhen und ihm beim Gärtnern zuschauen und gleichzeitig dem eigenen Beruf nachgehen oder für andere da sein kann, ohne seinen inneren Frieden zu verlieren.

Und dann gibt es noch eine vierte Methode des Bewässerns, Bild für die letzte Stufe des inneren Gebets, bei dem man überhaupt nichts mehr tut, sondern nur noch die Seele eins ist mit Gott. Das ist der Regen, der vom Himmel fällt und den ganzen Garten durchdringt. Diese letzte Stufe der Vereinigung bleibt ganz Gott überlassen. Regen kann man nicht machen, man kann ihn nur empfangen, wenn er gewährt wird. Als pure Gnade.

So gesehen ist es gar kein schlechtes Gleichnis, wenn meine alte, verbeulte Gießkanne gelassen draußen im Platzregen steht und Gott auf ihrem Blech Musik machen lässt. 🍏

Glockenblume

oder Die mystische Stille

*Das ganze Land lärmte vor Leben,
doch es war das stumme Frohlocken der Blumen,
das die Reisenden bei Nacht wachhielt …*
Peter S. Beagle

Irgendwann Anfang Juni sehe ich im Garten die erste Glockenblume. Besser gesagt: ich höre sie. Ich höre, dass sie da ist, weil plötzlich inmitten dieser summenden, raschelnden, knisternden, zwitschernden, plätschernden, rauschenden Natursinfonie unüberhörbar eine Stille wächst. Sie wächst in einer hauchdünnen Kuppel aus schimmerndem Blau, milchigem Weiß oder zart gepudertem Rosa. Die Blütenkelche erinnern mich immer an feine japanische Papierlampions, die noch im leisesten Abendwind erzittern. Und hinter diesen hingehauchten Wänden wohnt sie, die Stille.

Diese Stille ist kein Verstummen, kein tonloses, ersticktes Schweigen. Die mystische Stille folgt dem inneren Einschwingen auf die allem Sein zugrunde liegende Melodie. Ich entlasse meine Worte in die Stille. Schweigend lasse ich zu, dass die Stille sich selbst einen Raum baut. Ich lasse meine Gedanken jenseits der Stille summen. Hier, im Inneren der Glockenblume, bin ich dem Schweigen zugeneigt, seinem süßen Duft ganz nahe. Und damit Seiner Stille, in die ich eintrete wie in einen nur mir zuliebe erbauten, pfirsichhäutigen, himmelblauen Dom.

Eintreten: Nicht atemlos, sondern zum Aufatmen gerufen, und doch mit angehaltenem Atem – nur das Paradox kann es treffen! –, weil sich inmitten dieser atemberaubenden Stille Gott ausweitet. Schluss damit, dass man ihn nur vom Hörensagen kannte. Die mystische Stille kennt keine Trennungen mehr. Unüberhörbar spricht er darin für die feinen Ohren des Herzens. Gott flüstert seine Worte direkt in mein Herz – und es antwortet. Und immer sind es Worte der Liebe, der Nähe, des zärtlichen Austausches, der unfassbaren Freude, die da hin und her schwingen zwischen dem menschlichen Herzen und Gott, die sich beide, beredt jenseits der Worte, gleichzeitig verlieren und wiederfinden im anderen.

Ich habe Hymnen, die ich schweige, schrieb einmal der Dichter Rainer Maria Rilke. Wer dieser Art von Schweigen zugeneigt ist, sollte Glockenblumen im Garten haben. Sie erinnern uns daran, dass der Abstand zwischen uns und Gott hauchdünn ist und nichts als ein Widerhall der Liebe.

Glühwürmchen

oder Der Tanzboden der Schöpfung

Ich würde nur an einen Gott glauben,
der zu tanzen verstünde.
FRIEDRICH NIETZSCHE

Als Kind schon liebte ich die warmen Augustnächte, in denen Sternschnuppen fallen und Glühwürmchen leuchten. Noch heute fange ich sie manchmal ein, bestaune einen Moment lang ihr kleines blinkendes Licht in der hohlen Hand, und freue mich dann an ihrem bezaubernden Tanz durch die Nacht. »Niemand kann mir nehmen, was ich getanzt habe«, sagt ein spanisches Sprichwort. Und es scheint, als ob das eine der tiefen Einsichten der Natur ist.

Unzählige, unsichtbare Tanzböden finden sich in meinem Garten. Die Schöpfung tanzt, unaufhörlich, in einem großartigen niemals endenden Reigen, vom Frühjahr hinein in den Sommer, weitergereicht an den Herbst, gedämpft, aber nicht unterbrochen im Winter. Am Morgen schon tanzen schwarzgefiederte Amseln und pfeifende Drosseln durch die taunasse Kühle. Es tanzt der Kohlweißling, Sinnbild für alle Flatterhaftigkeit, und, um vieles gelassener sich in Tanzpausen öffnend, das Pfauenauge. Es tanzen dicke, behäbige Hummeln zu selbstgemachtem Brummbass und elegante blaugrüne Libellen, dünn wie neonfarbige Cocktailspießchen, mit dem großäugigen Blick des Jägers in der Luft stehend, leuchtende Lichtbalken über dem Wasser. Es tanzen Ameisen auf schnurgeraden

Straßen, übereinander steigend, einander befühlend und erkennend nach geheimnisvollen Ordnungen. Es tanzen fresslustige Schnecken, spiralig auf das schützende Haus zentriert, über selbst geschaffene silbrig glänzende Schleimspuren. Spinnen stürzen sich am elastischen Seil in die Tiefe des Tanzes. Regenwürmer tanzen in verrückten Verschlingungen, Glühwürmchen mit erotischen Lichtzeichen bei Nacht, Eichhörnchen in riskanten Sprüngen, Grashalme mit graziösen Verneigungen, Bäume mit würdevollem Neigen.

Es gibt ein Quäkerlied, das diesen ewigen Tanz christozentrisch deutet: »I am the Lord of the Dance«, singt Christus, ich bin der erste und der letzte Tänzer auf dem Tanzboden der Schöpfung. Eine Einladung an Körper, Geist und Seele, sich freizutanzen in die Allverbundenheit hinein, ohne dabei das Individuelle zu verlieren. Das müssten wir in unseren Kirchen wiederfinden: Freude am Tanz als schöpferische Selbsterfahrung und Selbsthingabe. In diesen Tanz wären wir alle eingebunden und dadurch geheiligt. Heiliger Tanz. Tanz als Gebet. Als kosmische Kunst, die Tiere, Pflanzen und Menschen im Einklang mit dem Schöpfergeist üben. Ganz früh im Christentum wusste man noch vom kosmischen Tanz, vom Reigen Gottes mit der Welt. Himmel und Erde werden in der schwingenden Verbundenheit des Tanzes erlöst, denn Christus tanzt den Tanz der Erlösung, schwärmte der Kirchenvater Gregor von Nyssa. So war der Tanz eine Quelle der Gotteserkenntnis, wie man in einem alten Hymnus nachlesen kann, dem »Reigen Christi« aus den Apokryphen: »Die Gnade führt den Reigentanz. Aufgerufen ist der Kosmos, oben zu tanzen. Wer nicht tanzt, erkennt nicht, was geschieht.« Alles von Gottes Gegenwart durchdrungen zu sehen, das ist Erleuchtung. Alle Dinge zu tanzen, das heißt: Gott zu tanzen. Und das Paradies ist nichts anderes als ein erleuchteter Tanz im Herzen Gottes.

Graben

oder Sakramentales Basiswissen

*Graben war für uns Kinder
das Natürlichste auf der Welt.
Wir waren der Erde nah,
und es war unsere zweite Natur,
ihre Größe und Vielfalt zu erforschen.*
MARILYN BARRETT

Ab wann gehört einem ein Garten? Als wir unser jetziges Haus kauften, war es nicht der Termin beim Notar oder die Übergabe der Hausschlüssel, die mir das Gefühl gaben, die neue Besitzerin von Haus und Garten zu sein. Es war der unvergessliche Moment, als ich an einem strahlenden Oktobertag den Spaten nahm und begann, ein Beet umzugraben. Da wusste ich, er gehört dir wirklich. Oder besser noch: Wir gehören zusammen, der Garten und ich.

Im Garten fängt alles mit einem Spaten an. Ob ich ein Beet anlegen, einen Baum anpflanzen oder eine Hecke setzen will, spielt dabei keine Rolle. Ich muss den Platz kennen, an dem etwas Neues wachsen soll. Und zwar nicht nur an der Oberfläche, dem Augenschein nach, sondern auch in der Tiefe. Ansonsten muss man sich nicht wundern, dass man zu Fehleinschätzungen kommt, weil man versäumt hat, den Zustand der Tiefenschicht zu überprüfen. Als wir nach dem Hausumbau die völlig vernachlässigte und in Gestrüpp versunkene

Nordostseite unseres Grundstücks neu gestalten wollten, hatten wir Pläne gezeichnet, in die wir den Verlauf des Weges, Stufen und die künftigen Beete eingetragen hatten. Alles sah wunderhübsch aus und hatte doch einen großen Haken. Dieser Plan war im Haus entstanden. Draußen erwartete uns eine Überraschung. Etwa 40 cm unter der Humusschicht stießen wir auf die Betonplatte der früheren Sickergrube. Ihre Lage machte auf einen Schlag das Konzept zunichte, das wir am »grünen Tisch« entwickelt hatten. Ein paar Spatenstiche hatten die Tatsachen zum Vorschein gebracht.

Erst wer im Garten gräbt, kennt ihn wirklich. Ein guter Gärtner kennt die geheimnisvollen unterirdischen Gesetze, die in seinem Garten herrschen, und berücksichtigt sie bei der Gestaltung. Wo laufen die Hauptwurzeln der Bäume entlang? Wo trocknet der Boden schnell aus? In welcher Tiefe liegt der Grundwasserspiegel? Im Grunde erforscht ein Gärtner die sakramentale Basis der Natur. Als die englische Mystikerin Juliana von Norwich nach einem passenden Bild für sakramentales Tiefenbewusstsein suchte, bemühte sie das Bild des Gärtners: »Sei ein Gärtner. Grabe und hacke, mühe dich und schwitze, wende die Erde um und suche die Tiefe.« Juliana wusste, dass Gotteserkenntnis nicht an der Oberfläche wächst, sondern in der Tiefe. Das Graben führt uns zurück zu dem natürlichen Sakrament der Tiefe. Was in der Tiefe erfahren und ausgebildet wurde, hat Bestand und kann sich auch in die weiter nach außen gelegenen Schichten entfalten. Wie jedes Sakrament kann das Graben den geheimen Sinn aufdecken, der in die Dinge eingeschrieben ist: Es offenbart, was wirklich ist. Es bringt uns verschollenes Wissen in Erinnerung. Es liefert Hinweise auf unsere wahren Möglichkeiten. Und es verweist uns auf größere Horizonte.

Das Graben spricht eine narrative Sprache. Es erzählt von dem, was war, und deckt auf, was möglich sein kann an diesem Ort. Wer darauf hören kann, entwickelt sakramentales Denken bei der Gartenarbeit. Es sorgt dafür, dass die Einzigartigkeit und Unverwechselbarkeit dieses einen Fleckchens Erde sichtbar werden kann. Sakramentales Basiswissen im Garten konzentriert sich darauf, das »eine Werk des Universums« zu erfassen, auf das alle unsere Bemühungen hinlaufen. Dieses eine Werk, sagt der Mystiker Meister Eckhart, ist auch der »alleredelste Grund«, Quelle und Ursprung von allem. Beim Graben können wir unseren Ursprung erforschen und zu ihm zurückkehren. Dabei verbünden wir uns immer mehr mit den göttlichen Lebensadern der Tiefe um uns herum und in uns selbst. Der Garten ist ein Sakrament, aber wir sind auch eines.

Gras

oder Wachsende Zuneigung

*Alle zwei Wochen kommt ein Typ
mit dem Rasenmäher und mäht das Gras kurz.
Sagt es vielleicht, es ist Unsinn zu wachsen,
wenn man ständig kurz geschnitten wird?
Nein. Es wächst einfach weiter.
Das ist der Sinn der Energie der Mitte.*
JOSEPH CAMPBELL

Manchmal stehe ich in meinem Garten und höre das Gras wachsen. Dass es wächst, sehe ich natürlich jede Woche beim Rasenmähen, wenn der Korb des Rasenmähers sich wieder mit Grasschnitt gefüllt hat. Aber was ich nicht sehen, sondern nur mit dem Herzen hören kann, ist das geheimnisvolle Flüstern des wachsenden Grases. Ich übe mich seit einer Weile in dieser vergessenen Kunst. Kindern fällt sie noch leicht und Dichtern wie dem Franzosen Francis Jammes: »Nun regt sich eine ungeheure und sanfte Welt. Die Grashalme lehnen sich bis zum Morgen aneinander ... nur die Seele kann diese Seelen erfassen und die Rufe und das Schweigen vernehmen, darin das göttliche Unbekannte sich vollzieht.«

Francis Jammes war in den göttlichen Sinn des Raunens der Dinge eingedrungen. Er hörte die Stimmen seiner Mitgeschöpfe voller Anteilnahme und schloss auch den kleinsten

Grashalm nicht aus. Er wusste, dass er sie verstehen konnte, und betonte, dass es dazu »keiner großen Anstrengung« bedarf. Wohl aber der Bereitschaft, sich dem Einklang der Dinge hinzugeben. Das tröstet und hebt das Gefühl der Entfremdung auf.

Wer das Gras wachsen hört, hat zuvor das Ohr seines Herzens geneigt. Wenn sich die Grashalme einander zuneigen und aufeinander lauschen, dann zeigen uns diese schlichten, weisen Lehrer, wie sehr Zuneigung und Zuhören einander bedingen. Die deutsche Sprache hat das wunderbar verflochten in dem Bild: Wir *gehören* zusammen.

Von der Allverbundenheit, die jedes Gräslein lebt, weiß man auch im Judentum. Einer alten Talmudtradition nach erklärte man sich das windbewegte Rauschen und Flüstern der Gräser mit einer hübschen kleinen Geschichte. Jeder einzelne Grashalm, heißt es da, hat seinen Schutzengel, der sich immer wieder liebevoll über ihn beugt und ihm zuflüstert: »Wachse, wachse!« Die Schutzengel des Grases und die Schutzengel unserer Seele sprechen dieselbe göttliche Sprache. Im ganzen Kosmos ist unentwegt das Flüstern der Engel zu hören, das von Gottes Sehnsucht nach Wachstum und Ausdehnung erzählt und uns dazu einlädt, ihm darin ganz ähnlich zu werden. Beständig flüstert er uns seine Botschaft ins Herz, damit wir in die Unendlichkeit der Liebe hineinwachsen können, die unsere Bestimmung ist.

Manchmal stehe ich ganz still in meinem Garten und merke, dass das Gras zuhört, wie meine Liebe wächst ... 🌱

Grün

oder Umschlossen von Liebe

O edelstes Grün,
das wurzelt in der Sonne
und leuchtet in klarer Heiterkeit,
im Rund eines kreisenden Rades,
das die Herrlichkeit des Irdischen nicht fasst:
Umarmt von der Herzkraft himmlischer Geheimnisse,
rötest du wie das Morgenlicht
und flammst wie der Sonne Glut.
Du, Grün, bist umschlossen von Liebe.
HILDEGARD VON BINGEN

Ein einziger Schritt in den Garten hinein und die Welt wird grün. Bäume, Sträucher, Blumen, Gräser, alle tragen das grüne Banner. Dem Rasen gehört dabei die größte Fläche, ein offenes Feld für glückliche Verwandlungen, die der Natur so leichthin gelingen. Wenn die Gänseblümchen aufgehen, verwandelt er sich in eine maigrüne Picknickdecke mit gelbweißen Pünktchen. Im Juliregen flutet weiches Meergrün bis in die Rabatten und schäumt am Rand in weißen Rosenblüten auf. Mit dem Herbstwind segeln unzählige Birkenblättchen herab, gelbe Flämmchen auf mattem Grün, die im verblassenden Dämmergrün des Jahres lodern und leuchten. Dazwischen, sehr beständig, das vornehme Dunkelgrün der alten Eiben; beruhigend das hellgrüne Flüstern der Eschenblätter, mondsüchtig das silbrige Grün der alten Weide. Was spiegelt dieses unerschütterliche Grün wider? Was meint es?

Die alten Ägypter beantworteten diese Frage mit einer Hieroglyphe. Sie verwendeten ein und dasselbe Schriftzeichen, einen Papyrus, für »grün sein« und für »glücklich sein«. In der schmalen Nilkultur zwischen dicht herandrängenden Wüstengebieten war üppiges, saftiges Grün der Garant für Wohlergehen und Wohlstand. Eine gute Nilüberschwemmung reicherte den Ackerboden an und verwandelte das schilfgrüne Ägyptische Reich in ein fruchtbares, von Palmen gekröntes Paradies. Das Glück, sagten die Ägypter, ist so grün wie eine gesunde Pflanze. Und verbunden mit der grünen Natur entfaltet sich das Glück des Menschen auf vollkommenste Weise.

Eine andere, nicht weniger weise Bedeutung hatte die Farbe Grün bei den Germanen: ihre Rune für Grün bedeutete »Begegnung«. Die germanische Wurzel von grün ist *ghro* und bedeutet wie das englische *grow* »wachsen, gedeihen«. Bei einer gelungenen Begegnung kann also die Beziehung wachsen und gedeihen. Moderne Farbtests beweisen, dass wir noch heute so empfinden und Grün als die Farbe des »psychischen Kontakts« ansehen. Und wenn wir »jemandem nicht grün« sind, dann finden wir ihn unsympathisch.

Die dritte Antwort gibt die Mystikerin und Ärztin Hildegard von Bingen. »Kein Baum grünt ohne Kraft zum Grünen, kein Stein entbehrt der grünen Feuchtigkeit, kein Geschöpf ist ohne diese besondere Eigenkraft, die lebendige Ewigkeit selber ist nicht ohne die Kraft zum Grünen.« Für sie ist die »Grünkraft«, lateinisch viriditas, die Grundenergie des Lebens schlechthin. »Am lichten Grün sind Himmel und Erde erschaffen und all die Schönheit der Welt.« So wird Grün zum Sinnbild für kosmische Ordnung, schöpferische Energie, Zeugungskraft und strahlende Lebensfreude. Das alles entspricht einer »virtuellen Grünkraft« (Ingrid Riedel), der Erneuerungskraft des Heiligen Geistes. Wenn unsere innere grüne Kraft welkt, brauchen wir in körperlicher wie geistiger Hinsicht Erfrischung und Erholung, bei der wir unsere Kräfte regenerieren können. Grün ist die treibende Kraft unserer Erde, eine kosmische, geistige Energie. Die Seele der Wirklichkeit ist grün. Und unsere Seele grünt und blüht, sobald sie sich umarmt weiß »von der Herzkraft himmlischer Geheimnisse«. Und umschlossen von Liebe.

Hagebutte

oder Die Würde der späten Dinge

DIE HAGEBUTTENLATERNE
Die winterharte Frucht erglüht zur Unzeit,
Apfel des Dorns, ein kleines Licht für kleine Leute,
das nur von ihnen will, dass sie den Docht
der Selbstachtung am Leben halten,
und es nicht nötig hat, mit Glanz zu blenden.
SEAMUS HEANEY

Hagebutten sind mehr als bloße Anhängsel oder Nachbemerkungen einer Rose. Die Hagebutte verkörpert das Spätwerk des Rosenstrauchs. Wie alles Späte weist sie nicht nur auf Gewesenes, sondern auch auf Kommendes hin. Die Rose hat mit offenen Augen geträumt. In ihren geschlossenen Augen erwacht die Hagebutte. Ihr Auftrag lautet, den Gesang der Rose in Würde zu vollenden. Aus dem offenen, weichen Becher des früheren Blütenbodens ist eine geschlossene feste Kapsel mit steinharten Nüsschen geworden. Was in der Hagebutte nun mit Anmut zu Ende gehen darf, ist die ins Rote gerettete Sanftmut der Rose, ihre unantastbare Würde, ihre reiche Schönheit.

Anders, und auf eine neue Weise schön ist die Hagebutte, die gesammelte Tochter der Rose. Die Hagebuttenlaterne buhlt nicht um alte Gunst, verliert sich nicht in der Trauer um vergangenen Glanz. Sie ist auch nicht bereit, in den »spitzigen Dornenhecken der Erkenntnis« (Nietzsche) hängen zu bleiben wie so viele Menschen beim Älterwerden. Ihre Reife zeigt sich darin, dass sie das Licht der Selbstachtung hütet und die Würde aller Rosen in sich bewahrt. Auch und gerade im Alter muss man sich und andere in Ehren halten.

Reich ist die Hagebutte trotzdem. Durch all das, was sie von sich aus mit Würde zu entbehren weiß. Die samtweiche Schönheit der Rosenblüte – für immer losgelassen, verwelkt. Der süße Duft, ihre unsichtbare Glorie – freigegeben, verweht. Was die Dornen so wehrhaft verteidigten, die Blütenblätter zärtlich verbargen, jetzt zeigt es sich endlich: das rote Herbstherz der Rose. Schlicht, aber erfüllt. Nackt, aber leuchtend. So verklingt eine Rose.

In Anmut verklingen – das ist das Fest der späten Dinge. Es ist ein Fest nahe der Grenze. Man kann es in Würde begehen, auch wenn es manchem wie zur Unzeit angesetzt erscheint. Es sagt das Unausweichliche an. Wer darüber hinaus noch weiter will, der muss fort. Seine Zeit ist am Sinken. Oder im Kommen, je nachdem, wohin man sieht. »Das Sinken geschieht um des Steigens willen«, lautet ein Satz der jüdischen Mystik. Es ist gut, für diesen Moment ein Licht zu haben, das Licht einer kleinen späten Laterne, die uns zum Abschied leuchtet. Und einen Anfang gesammelt in sich trägt. Hungrige Vögel holen sich dieses Licht und steigen mit ihm auf in die Zwischenböden ferner Wolkendämmerungen. So wachsen der Rose zum Ende hin Flügel. Wie ein Seelenvogel erhebt sie sich und ist frei. 🌱

Herbstlaub

oder In Schönheit loslassen

*Es gibt nur zwei Möglichkeiten,
dem Leben zu begegnen.
Die eine besteht darin, so zu tun,
als gäbe es keine Wunder.
Die andere besteht darin,
so zu tun, als gäbe es nichts als Wunder.*
ALBERT EINSTEIN

Seit einigen Jahren fällt mir im Herbst beim Zusammenrechen des bunten Laubes immer die gleiche zauberhafte kleine Geschichte ein: Eine junge Ägypterin, die zum erstenmal Europa besuchte, erzählte ihren deutschen Gastgebern begeistert, dass für sie dieses Land wie ein Märchen aus »Tausendundeiner Nacht« sei. Man staunte etwas ungläubig und verlegen. Ägypten sei doch unendlich viel exotischer und geheimnisvoller! Warum denn ausgerechnet Deutschland für sie so märchenhaft sei, wollte man wissen. Etwa der großen Kaufhäuser, der alten Burgen, der vielen Sehenswürdigkeiten wegen? Nein, nichts von alledem, war die Antwort. Es sei der Herbst, sagte die Orientalin mit den großen Augen. Sie habe noch nie gesehen, dass Bäume – wie von einer Zauberhand berührt – die Farbe ihrer Blätter wechseln und in so wundervollen Farbtönen erstrahlen können. Es sei wie im Märchen, so geheimnisvoll, prächtig und wunderschön …

Der Herbst geht als Zauberer durch den Garten. Über Nacht hat er das Märchenspiel der Farben begonnen. Wo er das Laub berührt hat, geht es dem Ende entgegen. Aber dieses Ende ist kein Abgesang, sondern eine volltönende Sinfonie. Es läutet keinen Trauergesang ein, sondern ein grandioses Loblied auf die Schönheit des Lebens. Denn das, was bald losgelassen wird, herabfallen darf, gehen will und gehen darf, erglüht zuvor in den wärmsten Tönen.

Glutvolles Orange beim Ahorn, Kanariengelb bei der Hainbuche. Bei den Ziersträuchern die Farbtöne, die Maler mit den Namen italienischer Städte unterscheiden: Sienagelb, venezianisches Rot, Neapelgelb. Die erdverbundenen Brauntöne Umber, Zimtbraun, Ocker. Zinnoberrote Blätter beim Pfaffenhütchenstrauch; Rötel, das Rostrot pompejanischer Wandmalereien, das die gerippten Buchenblätter färbt, das dunkle Violettrot der Zierpflaumensträucher, das tiefe Indischrot beim spitzblättrigen Ahorn.

Der Herbst predigt farbige Endlichkeit: Welche Töne werden in der Summe unseres Lebens aufleuchten, wenn wir einmal aus dem Leben scheiden? Herbst, wenn die Blätter gelb werden, sagen die Japaner, das ist nichts als die Zeit, wo der »goldene Wind sein wahres Wesen zeigt«. Der Herbst des Lebens macht deutlich, was unser wahres Wesen ist. Ob in uns geistige Dürre und welke Gedanken das Landschaftsbild der Seele bestimmen oder ob der goldene Wind der Lebensfülle in die Krone unseres Lebensbaumes fahren darf. Der Herbst des Lebens stellt einem jeden von uns die Frage nach unserer inneren Freiheit. Dabei geht es nicht darum, was wir tun können, sondern darum, was wir lassen können. Ob der goldene Wind der Freiheit uns durchweht und dabei Blatt für Blatt die Schönheit eines erfüllten Lebens aufleuchten lassen und preisgeben kann. So lange, bis unser Lebensbaum, ohne Laub nun und ganz auf sein ureigenstes Wesen reduziert, seine einzigartig verzweigte Struktur vor das Blau des Himmels stellen kann.

Es gibt ein japanisches Haiku von Kagami Shiko (1664 bis 1731), in dem dieser Unterschied, den das kluge Laub macht, als großer Moment sichtbar wird:

> *Beneidenswerte Ahornblätter!*
> *Schön ist es, wunderbar zu werden*
> *und dann zu fallen.*

Wunderbar werden vor dem Ende, auch so kann man sich dem Tod nähern. Vor dem Fallen feiern wir unsere farbenprächtige, voll entfaltete Schönheit als Aufleuchten des göttlichen Geistes in uns, der unsere ureigenste Farbe hervorzurufen versteht. Dann sind unsere späten Jahre wie im Märchen, geheimnisvoll und schön und geneigt zur letzten Verwandlung. 🍃

Holunder

oder Das Gesetz der Freundlichkeit

*Plötzlich ist in uns die weiße Seele
des Holunderbaums,
plötzlich ist in uns zu viel vom Menschen.*
JAN SKÁCEL

Ich muss gestehen, den großen Holunder in unserem Garten habe ich meistens ziemlich schäbig behandelt. Ich schnippelte ihn mitleidslos herunter, wenn er mir zu viel Platz beanspruchte, ähnlich wie man einen Hund mit einem knappen Wort vom Sofa scheucht. Lange bekam er auch keine Carepakete aus reifem Kompost zugestellt wie meine »richtigen« Ziersträucher. Schließlich war dieser fremde Kerl kein Wunschkind. Er war einfach über die Mauer gekommen, ohne zu fragen, genau wie in dem alten Verslein »Nachbars Kinder und Nachbars Holunder / vertreibst du nie auf Dauer. / Schließt du ihnen die Tür, o Wunder, / klettern sie über die Mauer.« Wenn ich ganz ehrlich bin, behandle ich ihn nicht besser als früher manche misstrauischen Dörfler einen Fremden: Wer weiß, wo der herkommt? Wenn er sich hier unbedingt niederlassen will, dann soll er doch selbst schauen, wie er klarkommt ...

Nun, bei uns im Garten kommt er wunderbar klar. Weil sich der schlaue Kerl ganz nah am alten Kompostplatz niedergelassen hat, wo er Nährstoffe in Hülle und Fülle hat, geht es ihm gut. Im Juni demonstriert er das nonchalant mit schneeweißen Blütensternchen, die er mit verlockendem Duft auf flachen Tellerdolden serviert. Im September legt er lässig mit einer Unmenge tintenschwarzer Beeren nach, schimmernden Perlen, wie sie in alten kostbaren Ohrgehängen baumeln. Immer wenn man sich gerade mal wieder überlegt, ob man dem sperrigen Hollerstock nicht doch einen Platzverweis erteilen soll, tischt einem der ungebetene Einwanderer charmant eine süße Speisekarte auf: Hollerküchlein, Marmelade, Saft oder Sekt, lauter verführerische altmodische Genüsse frei Haus. Wer es seriöser mag, bitte schön, es gibt auch unglaublich gesunden Tee, mit dem man jede Grippe loswird. Oder heilsame Aufgüsse aus Blatt, Rinde, Wurzel. Macht es wie die Vögel, nehmt euch, was euch gefällt.

Der Hollerbusch ist ein Menschenfreund, keine Frage. Das wissen schon die Kleinen. Bereitwilliger als jeder andere Strauch lässt er sich von den Kindern Zweige zum Spielen abreißen und das weiße, weiche Mark aushöhlen, weil sie von selbst gebastelten Flöten träumen. Er pfeift sogar noch lustig, wenn sie mit seinen sommersprossigen Stecken übermütig in die Luft schlagen. Unsere Hiebe und Unfreundlichkeiten zahlt er uns nicht heim.

Nein, er ist freigebig, der Hollerbusch, gewitzt und gelassen zugleich. Er gibt gerne her, was er hat. Immer wieder, unbeirrbar. Und doch behält er dabei stets das Beste, was er hat, seine weiße Seele, seine unbesiegbare Menschenfreundlichkeit. Souverän folgt er diesem sanften Gesetz, das in sein weiches Mark eingebettet ist: Sich auf andere hin zu ordnen, einem anderen zu dienen, das ist gut. Menschlicher oft als wir Menschen selbst, ist er ein wunderbarer Lehrer, der uns zeigt, wie man sein ganzes Dasein der Freundlichkeit widmen kann, ohne dabei sich selbst aufzugeben. Der Holunderbaum weiß: Menschenfreundlichkeit ist ein herrlicher Dünger für das eigene Blühen und Gedeihen. Tief ist die helle Kraft der Zuneigung, die von ihm zu uns fließt. Tief ist die Gabe der Gemeinschaft, die mit ihm wächst. So einer hat einen guten Platz bei uns verdient. Und darum bleibt er – der fremde Kerl mit der weißen Seele. 🍏

Hyazinthe

oder Das Lachen des Heiligen Geistes

*Auf, meine Freundin,
meine Schöne, so komm doch!
Die Blumen sind schon der Erde entsprossen.
Die Zeit des Singens ist da,
und die Stimme der Turteltaube
lässt sich hören.*
Hohes Lied

Wenn die Hyazinthen aufblühen, ist mir immer, als würde der Frühling mit einem Lachen wieder auferstehen. Das unbekümmerte Hyazinthengelächter ist ein wahrhaft himmlisches Frühlingserwachen. In ihm haben kindlich-muntere Farben und ein köstlicher Duft die klirrende Kälte überlebt: rosa, blau, weiß schauen die Blüten keck aus hellgrünen Blattsicheln hervor, spielen mit dem Sonnenlicht und werfen ihre Farben als heitere Duftbälle in den Himmel. Ihre Gegenwart ist gewisperte, gekicherte Verheißung. Eine Verkündigung, besser Verlockung, die in einer Zwiebel bewahrt wird wie in einem wissend-unwissenden Kinderherz. Ist darum die Hyazinthe zum Symbol für Klugheit und Himmelssehnsucht geworden?

Weiß verwurzelt in wenig mehr als Wasser und Sand, trägt die Hyazinthe im Volksmund allerhand lustige Namen. In meiner Heimat Unterfranken sagt noch manche Bäuerin

»Gixengaxen« zur Hyazinthe, »Guggu« heißt sie ganz zärtlich-verspielt in München. Was da mit unzähligen lustig nach hinten aufgerollten Blütenglöckchen ins heller werdende Jahr hinausguckt, das gluckst und kichert unüberhörbar. Wie nach hinten geworfene Taubenköpfchen sehen die Blüten aus. Vielleicht heißt die Hyazinthe deshalb im Aargau und im Elsass auch »Tubechröpfli«, das ist der bunt schillernde Taubenkropf, aus dem es in einem fort munter kirrt und gurrt.

Weil die Hyazinthe auch im Zimmer in feinen dunkelblauen Gläsern gezogen werden kann, die lediglich mit Fluss- oder Regenwasser gefüllt werden, erhielt sie in Frankreich den poetischsten ihrer Namen: »Über den Wassern schwebender Geist«. Die Hyazinthe und die Turteltaube, das Lachen und der Geist – ist das nicht eine inspirierende Verbindung?

Ich wünsche mir, die spielerische, heitere, gewinnende Seite des Heiligen Geistes mit Hilfe dieser Blume wieder zu entdecken. In einem Garten wachsen ja nicht nur Pflanzen, sondern in ihnen und mit ihnen auch der Geist Gottes. Und die Heiterkeit der Hyazinthe setzt dafür ein unüberhörbares Zeichen. Hyazinthen sind wundervolle Vorbotinnen eines frühlingshaften Zeitalters des Geistes: sie inspirieren als Inspirierte, sie erheitern als Heitere, sie stiften Lachen als Lächelnde. Sie leben im Geist der kreativen Erneuerung und öffnen uns für die verliebte, ausgelassene Seite des Geistes, die immer Hoffen und Werden ist. Aus diesem Geist kann ein froher Jubel hervorbrechen, der die Frühlingsluft süß erfüllt, bis er sich schließlich in göttlichem Wohlgefallen auflöst. Die lachende Hyazinthe kommt als Echo auf Gottes Lachen zur Welt.

Lachend verschenkt sich Gott an die Welt. Eine Seele, die auf Gottes Lachen antwortet und sich in den Hyazinthenduft des Heiligen Geistes hüllt, kann nicht traurig sein. Johannes

Klimakos († 649) nannte das »das geistige Lachen der Seele« und betonte: »Gott will, dass der Mensch aus Liebe zu ihm in seiner Seele lache und fröhlich sei.« So einfach also. So wunderbar. Eine lachende Seele weiß, warum sie da ist: Die Seele ist zu ihrer eigenen Freude hier. Und zur Freude Gottes. 🍀

Jahreszeiten

oder Die Freude über dem Herzen

*Jahreszeiten wechseln
und Licht
und Wetter
und Stunde.
Aber es ist das gleiche Land.
Und ich beginne, die Karte zu kennen,
die Himmelsrichtungen.*
DAG HAMMARSKJÖLD

Als Mitteleuropäerin habe ich das große Glück, dass mein Garten in einer Klimazone mit vier Jahreszeiten liegt. Sie bescheren mir durch ihren Wechsel intensive Eindrücke eines tieferen »Raum-Zeit-Gefühls«. Mein großer Gärtnertraum harrt allerdings noch der Erfüllung: dass Frühling, Sommer, Herbst und Winter in meinem Garten gleichberechtigt regieren und jeder zu seiner Zeit seine eigene Schönheit ausdrücken und verströmen kann.

Die vier Jahreszeiten und ihre Rituale von Wachsen, Blühen und Vergehen nutzt ein weiser Gärtner aber auch noch anders. Die Jahreszeiten helfen ihm dabei, das Jetzt zu heiligen, Übergänge zu gestalten, Abschiede zu verkraften und glückliche Augenblicke mit anderen zu teilen. Matthias Claudius, der Dichter des unsterblichen Liedes »Der Mond ist aufgegangen«, war ein Meister darin, sich in dieser Weise von der Natur leiten zu lassen. Er las unermüdlich in der »Karte der Jahreszeiten« und verstand ihre Himmelsrichtungen. Mit Leichtigkeit erfand er für sich und seine große Kinderschar neue Jahreszeitenfeste, darunter das Knospenfest, den Widderschein und den Maimorgen für den Frühling oder den Grünzüngel im Sommer, bei dem die ersten Erbsen und Bohnen aufgetischt und mit Genuss verspeist werden. »Gewiss lehrt uns der Frühling Gott und seine Güte sonderlich; denn was so zu Herzen geht, muss aus irgendeinem Herzen kommen. Es ist mir aber doch immer schon vorgekommen, dass im Herbst und Winter auch was zu machen wäre. Gestern, als ich im Garten gehe und an nichts weniger denke, schießen mir auf einmal zwei neue Festtage aufs Herz, der Herbstling und der Eiszäpfel, beide gar erfreulich und nützlich zu feiern.« Claudius empfahl auch gleich die passenden Rituale zu seinen neuen Festen: Der gemütliche Herbstling wird mit Bratäpfeln und vielen lieben Menschen genau an dem Tag gefeiert, an dem der erste Schnee fällt. Für das eher elegische Eiszäpfel-Fest braucht man Eiszapfen von einer halben Elle Länge vor dem Fenster, Dämmerlicht und einen von Laternen beschienenen Schneemann, der einen ins Träumen versetzt.

Der Zauber dieser mit drolligem Ernst zelebrierten Festtage liegt in der permanenten Bereitschaft, sich so viele strahlende Augenblicke im Leben bewusst zu machen, wie es nur geht. Die Natur setzt freundlich ein Zeichen, der dankbare Mensch beantwortet das Lächeln der Jahreszeiten mit einem Ritual und mehrt damit seine Daseinsfreude. So ist die Freude, wie Rainer Maria Rilke es ausdrückt, »einfach eine gute Jahreszeit über dem Herzen«.

Gibt es etwas Wunderbareres, als wenn ein Mensch so in den Jahreszeiten zu Hause ist? Ja, sagt der libanesische Dichter Khalil Gibran in seinem Buch Jesus Menschensohn: »Wie wäre es, wenn eine Jahreszeit in der Gestalt eines Menschen erschiene? In Jesus vereinten sich die Elemente unseres Körpers mit den Elementen unserer Träume. Alles, was vor ihm außerhalb der Zeit lag, trat mit ihm in die Zeit ein ... Sicher werdet ihr das als Wunder bezeichnen. Und solches Wunder vollzieht sich tausend und abertausend Male im Schlummer jedes Herbstes und in der Leidenschaft jedes Frühlings. Warum sollte es sich nicht auch im Herzen der Menschen ereignen können? Warum sollen sich die Jahreszeiten nicht treffen in den Händen oder auf den Lippen eines Gesalbten?«

Klee

oder Wo das Glück wächst

Vierfach Kleeblatt! Seltner Fund!
Glückspfand, holde Feengabe!
Vielgesegnet sei der Grund,
Wo ich dich gepflücket habe!
EDUARD MÖRIKE

Wann ist man als Gärtner glücklich? Wenn man ein kümmerliches Pflänzchen hochgepäppelt hat und es zu einem stattlichen Exemplar herangewachsen ist? Wenn man eine botanische Rarität sein Eigen nennen kann? Wenn die Ernte im Nutzgarten von Frost und Hagel, gefräßigen Schnecken und diebischen Vögeln verschont blieb? Das Glück des Gärtners hat viele Namen.

Einfacher ist es bei der Frage nach dem wahren Symbol fürs Gärtnerglück. Was würde zu einem Menschen mit grünem Daumen besser passen als der grüne vierblättrige Klee, der sich einer Laune der Natur verdankt? Wer schon einmal nach einem vierfachen Kleeblatt gesucht hat, der weiß: Nach dem Glück muss man suchen und sich bisweilen auch bücken. Glück ist eine Sache der Einstellung. Beim Glücksklee muss man die Blätter zählen, ein Bild dafür, dass wir die glücklichen Erfahrungen zählen müssen, das Gute und Gelungene, das, was zählen soll in meinem Leben. Wie beim vierfachen Kleeblatt sind das eher die in das Leben eingesprenkelten Glückseligkeitsmomente, wie der Philosoph Ludwig Marcuse das einmal genannt hat, mit dem nüchternen Zusatz: Aber geborgen sein im Glück kann man nicht. Glück ist weniger ein Gefühl als eine Geistesfrucht, eine Fähigkeit unseres Bewusstseins, über sich hinauszuwachsen und eine Erfahrung mit Bedeutung, Freude und Sinn füllen zu können.

Glückssucher sind also Sinnsucher. Erfolgreiche Sinnsucher sind optimistisch, poetisch, wortgewandt und wagemutig, wenn sie vom Glück sprechen, dem vergangenen, gegenwärtigen und zukünftigen. So wie Gabriela Mistral, die fast vergessene Nobelpreisträgerin für Literatur aus Chile.

In einem ihrer Texte findet sich ein mystisches Bild vom Klee, der über sich hinauswächst: »Am nächsten Tag fielen die Bauern in Ohnmacht beim Anblick des Klees, der so hoch wie eine Kathedrale geworden war ...« Klee, der aller Vernunft und sämtlichen Bauernregeln widerspricht. Klee, der seine geistige Bestimmung findet und hoch wie eine Kathedrale wächst.

So spricht eine lateinamerikanische Mystikerin vom Glück: Es gibt ein maßloses Seelen-Glück, das nichts ist als ein riesiger Raum für die maßlose Feier der Gegenwart Gottes. Eine Bewusstseins-Kathedrale, einzig und allein erbaut aus der gemeinsamen Freude und Liebe, die Gott und eine Seele füreinander empfinden. Ein Glück, mit dem man wie die Bauern normalerweise gar nicht rechnet, auf das man aber zählen darf. Ein mystisches Glück, bei dem die Seele in Ohn-Macht fällt und sich ganz der Macht göttlicher Liebe überlässt.

Unter den Mystikern finden sich hinreißend radikale Glückssucher, stets offen und in jedem Augenblick bereit, sich die plötzlich entfachte Liebe zur Übermacht Gottes durch alle Adern pumpen zu lassen. Mystiker sind Menschen, die sich nicht damit begnügen, vom Glück zu träumen. Sie ruhen nicht eher, bis ihnen die Begegnung mit Gott geglückt ist. Sie steigern ihre Glücksempfänglichkeit, indem sie sich Gottes

Schönheit, Größe, Liebe und Güte vor Augen halten. Sie steigern das Glück aber auch dadurch, dass sie dem Leid nicht ausweichen, wenn es ihnen auf dem Weg zu Gott begegnet. Sie sind unabhängiger, freier und lebendiger, weil sie in Gottes purer Gegenwart das erleben, was wir der Anlage nach alle sind: jeder und jede eine neue Variante des Glücks, unendlich begabt, es zu mehren.

Kompost

oder Der Mist in unserem Leben

Der Kompost ist kein Abfallhaufen,
er ist die Seele des Gartens.
JOHANNES ROTH

Zu unserem ersten Haus gehörte ein nicht allzu großer Garten, den man mit etwas Liebe und Zeit bequem pflegen und dann vor allem genießen konnte. Schnittgut und Grünabfälle wanderten mitsamt den Küchenabfällen in einen hinter Efeuranken versteckten Kompostbehälter und verwandelten sich dort gemächlich in genau die Menge Humus, die ich zur Versorgung für meine Pflanzen brauchte. Ein fein ausbalancierter Wechsel fand hinter den grünen Wänden statt. Die dunkle Hebamme des Lebens, der Tod, verwandelte abgestorbenes Material zu neuem Leben. Je sorgfältiger man Feuchtes und Trockenes, Krautiges und Holziges zerkleinert und abwechselnd aufgeschichtet hatte, desto besser reifte der Kompost. Beim regelmäßigen Umschichten wurde das Innere des Haufens nach außen gekehrt und das Obere nach unten. Die frische Luft tat dem Verrottungsprozess gut und zur Belohnung für diese nicht allzu große Mühe erntete man nach einem halben Jahr feinkrümeligen, frischen Humus mit herrlich erdigem Geruch. Die neue Substanz war das Lebenselixier des Gartens, eine schwarzbraune betörende Kraft, die blühende Wunder vollbringen half.

Dann verkauften wir das zu klein gewordene Haus mitsamt seinem überschaubaren »grünen Wohnzimmer« und machten uns an das Abenteuer, ein reichlich heruntergekommenes Haus mit einem größeren Garten zu renovieren, der jahrelang sich selbst überlassen gewesen war. Was bei den Besichtigungsterminen noch verwunschen und wildromantisch ausgesehen hatte, entpuppte sich schnell als schier unentwirrbarer Dschungel aus teilweise schon völlig abgestorbenen Bäumen und Sträuchern. Das empfindliche Gleichgewicht zwischen Wachsen und Verblühen, Geben und Nehmen, Werden und Vergehen war völlig aus den Fugen geraten. Die Verwandlung von toter Masse in fruchtbare Energie war zu lange unterbrochen gewesen. Der Garten drohte oberirdisch an seinen eigenen verbrauchten und abgestorbenen Anteilen zu ersticken und unter der Erde wegen Nährstoffmangel zu verhungern.

Das Ausräumen der vom Garten selbst produzierten Grünabfälle glich einem intensiven innerseelischen Aufräumprozess. Auch in der Seele kann es Phasen geben, in denen sie mit besonders viel Abfallmaterial fertig werden muss und gleichzeitig an Auszehrung leidet. Die mittelalterlichen Alchimisten lehrten, dass das Allerwertvollste, das Gold der Weisen, auf dem Misthaufen gefunden werden kann. Sie hatten erkannt, dass im tiefsten Unterbewusstsein, im innerpsychischen Rottehaufen, in den Dingen, die wir nicht gleich verarbeiten, verdauen oder assimilieren können, künftige Lebenskraft schlummert. Die Traumstudien der modernen Tiefenpsychologie belegen, dass Träume von Exkrementen und Toiletten immer dann sehr häufig sind, wenn unsere Seele auf ein schöpferisches Potenzial hinweisen will, das noch auf Verwirklichung wartet.

Für einen Mystiker wie Johannes Tauler liegt die Lösung dieses Problems im rechten Umgang mit unseren unreifen Persönlichkeitsanteilen: »Dein Mist, das sind deine eigenen

Mängel, die du nicht beseitigen, nicht überwinden noch ablegen kannst. Nun, genau die trage mit Mühe und Fleiß auf den Acker des liebreichen Willens Gottes in rechter Gelassenheit deiner selbst. Streue deinen Mist auf dieses Feld, daraus sprießt ohne allen Zweifel edle, wonnigliche Frucht auf.« So gesehen produzieren wir nicht nur allerhand Mist im Leben, sondern mit etwas Geduld dabei auch den künftigen Humus, zu dem sich unsere verbrauchten Seelenkräfte regenerieren können. 🍏

Kürbis

oder Die Mathematik der Maßlosigkeit

*Genug ist nicht genug! Gepriesen werde
der Herbst! Kein Ast, der seiner Frucht entbehrte …
Das Herz, auch es bedarf des Überflusses,
genug kann nie und nimmermehr genügen!*
CONRAD FERDINAND MEYER

*D*ie Sache mit den Kürbissen fing ganz harmlos an. Ich hatte noch nie Kürbisse gezogen und fand es sehr beruhigend, dass auf dem Tütchen mit der bunten Zierkürbis-Mischung die Anzucht als »kinderleicht« angepriesen wurde. Mitte April versenkte ich zwanzig Samenkörner in Anzuchttöpfchen. Drei Wochen später reichte der Platz auf dem Fensterbrett nicht mehr aus, obwohl nur 12 Pflänzchen aufgegangen waren. Jede bekam ein Düngestäbchen. Dann durften sie in meinem Arbeitszimmer auf dem Boden herumkriechen, bis endlich die Eisheiligen vorbei waren und die grünen Turboranker richtigen Gartenboden zu sehen bekamen. Als »Kürbisfeld« hatte ich eine sonnige Ecke auserkoren, mit sehr gutem Boden, aber noch ungestaltet. Ich hoffte, die Kürbisblätter würden die paar ungepflegten Quadratmeter den Sommer lang gnädigst verdecken.

Nun, mein Wunsch ging in Erfüllung, aber in welchem Ausmaß! Die Kürbisranken eroberten die efeuumschlungenen alten Fichtenstämme und schoben ihre Rankspiralen wie barocke Eisengitter Meter um Meter nach oben. Sie fluteten über die Gartenmauer und strahlten mit ihren orangefarbenen Blütensternen die verwunderten Passanten an. Und ab August drängten sich buttergelbe, weiß gestreifte und grün genarbte Früchte hinter den rauen piksenden Blätterherzen. Wir kamen mit dem Ernten und Zählen kaum nach, aber über 200 waren es bestimmt, die unsere Körbe und die von Freunden und Nachbarn füllten und uns mit der himmlischen Rechenkunst vertraut machten.

Die vier Grundrechenarten der göttlichen Mathematik lauten: Gunst erweisen, Großmut zeigen, Geschenke verteilen, Güte verströmen. Ihre Summe ist Maßlosigkeit. Gott gewährt uns seine Gunst, aber nicht wie ein herablassender Herrscher, sondern wie ein überschwänglicher Liebhaber, der seine Angebetete mit Geschenken überschüttet. Seine Großherzigkeit ist verschwenderisch, seine Großzügigkeit drängt nach Ausbreitung, seine Güte gibt es in Hülle und Fülle. Himmlische Mengenlehre zielt auf Reichtum, Überfluss, Opulenz. Eine Verschwendungssucht, die unsere engen, knickrigen Herzen verwirrt, und mit der nur diejenigen rechnen, die unendliche Räume lieben: Kinder, Dichter und Mystiker.

Rainer Maria Rilke legte sein Einverständnis mit diesem maßlosen Gott in den verstörend schönen Satz: »Du, Gott, hast das Recht uns zu verschwenden«. Wer Gutes tun will, muss es verschwenderisch tun. Warum sollte ein Gott, der innerhalb von fünf Monaten aus einem kleinen Kürbissamen eine vier Meter hohe Wand mit barocken Ranken, riesigen Schirmblättern und verschwenderisch vielen Früchten schafft – warum sollte er nicht auch in uns und durch uns seine Großartigkeit zeigen dürfen?

Viele Mystiker sind irgendwann einmal dieser maßlosen Seite Gottes begegnet und mussten einen Weg finden, mit der Grandiosität Gottes umzugehen. Wie kann unsere Liebe zu diesem Gott aussehen? Eine wunderbar einfache, gleichzeitig atemberaubende Antwort findet man bei Bernhard von Clairvaux: »Aus welchem Grund und mit welchem Maß soll man Gott lieben? Ich sage: Der Grund, weshalb wir Gott lieben sollen, ist ganz einfach Gott. Und das rechte Maß ist die Maßlosigkeit.«

Gottes maßlose Liebe braucht Platz in uns, ihr Ausdehnungsvermögen ist grenzenlos weit, nur der Raum in unseren Herzen ist noch eng... Der Maßstab der Liebe ist die Unendlichkeit. Ein Zuviel gibt es nicht. Ein Zuwenig kann ausgeschlossen werden. Genug kann nie und nimmermehr genügen. »Die Liebe ist etwas Unendliches«, sagt die Mystikerin Elisabeth von Dijon, »und bei etwas Unendlichem kann man immer noch weitergehen!«

Löwenzahn

oder Der Pionier im Weiten Raum

*Eines Tages brechen wir auf,
wie wir vor Zeiten versprachen
beim Löwenzahn in den gelben
Augen der Amsel ...*
JAN SKÁCEL

Die Plätze, an denen der Löwenzahn siedelt, sind völlig verschieden. Ob fette Wiese oder Asphalt, es spielt anscheinend keine große Rolle. Der Löwenzahn wird auch mit den schlechtesten Startbedingungen fertig. Er weiß, dass keiner dieser Standorte, ob gut oder schlecht, sein wirkliches Zuhause ist. Es sind Plätze, von denen aus er nach Hause *schaut*. In der Brust des Löwenzahns schlägt ein Pilgerherz: »Wir haben hier keine bleibende Stadt, sondern die zukünftige suchen wir.« (Hebräerbrief 13,14) Darum kann er nach der Blüte auch so radikal aufbrechen und das Weite suchen.

Anfangs deutet aber erst einmal gar nichts auf solche Wandergelüste hin. Der Löwenzahn gibt sich ganz solide dem Siedlerleben hin, mit Pfahlwurzeln, die bis zu 1,50 Meter tief wachsen können. Dann baut er für seine Nachkommenschaft ein hübsches sternförmiges Nest aus vielen gezackten Blättern. Kleine Löwenzahnkinder wachsen wohl behütet auf. Ihr schützendes Zuhause ist eine grüne Rosette, in deren Mitte sie die Blütenköpfchen ganz nah zusammenstecken können. Langsam wachsen sie dann in die Höhe und schauen schließlich, auf hohlen Stängeln wippend, als Jugendliche keck ins Land.

Bevor sie gelb aufblühen, schieben sie ihre grünen Mützchen aus schützenden Hüllblättern beiseite. Jetzt können sich die zarten gelben Blüten im Sonnenlicht zu einem gelben Teller ausbreiten. Jeden Abend kehren die Blüten dann wieder in die geschlossene Knospenform zurück. Das Öffnen und Schließen wiederholt sich von nun an täglich. Nur bei schlechtem Wetter bleiben die Blüten die ganze Zeit geschlossen. Zum Erwachsenwerden gehört bei den Löwenzahnkindern dieses tägliche Exerzitium von Sich-öffnen-Können und Bei-sich-sein-Können. Erst wenn sie diese zwei Fähigkeiten, die zusammengehören, lange genug üben konnten, macht der Löwenzahn seinen Nesthockern Beine.

Sie müssen aufbrechen im doppelten Sinn: sich öffnen für eine neue Daseinsform und losziehen in eine Zukunft, die erst durch sie beginnt. Die gelbe Krone des Löwenzahns verwandelt sich in einen federhaarigen silbrig weißen Ball. Ganz leicht und hell macht er seine vielen kleinen Schirmfliegersamen bereit zum Abheben. Aus dem fürsorglichen Siedler wird ein drängender Pionier, der den Wagemut hat, ins Unbekannte aufzubrechen und neue Horizonte zu suchen.

Die runde Kugel der Pusteblume zelebriert damit eine urchristliche Tugend, die viel zu wenig *in* der Kirche gelehrt und deshalb mit Vorliebe *draußen* von den Kirchenfernen gepflegt wird: das Weite zu suchen. Der »Weite Raum« war für die Urchristen nicht nur eine Chiffre aus dem Alten Testament. Paulus formulierte für seine Korinther die Herzensweite als spirituelles Klassenziel: »Unser Herz ist weit geworden, ... macht auch ihr euer Herz weit!« (2 Kor. 6,11–13) Glaube war für ihn eine mutige Bewegung hin zur eigenen zukünftigen inneren Weite. Mit dieser inneren Weite geht eine Bereitschaft zur äußeren Weite daher. Paulus wurde durch seine

Missionsreisen auch geografisch zu einem Pionier des weiten Raums. Von kirchlicher Enge und ängstlichem Einigeln keine Spur. Stattdessen provozierte er Gedanken, Hoffnungen und Visionen, die einer flugbereiten Seele Mut machen, Vertrautes loszulassen, die weißen Schirmchen zu öffnen und sich in Gottes weite Zukunft hinauszuwerfen. Beste Aufbruchstimmung eben. Wie beim Löwenzahn. 🍏

Madonnenlilie

oder Reinheit als Geistesgegenwart

*Sie war wie der Stängel einer himmlischen Lilie,
zaubervoll, anmutsvoll, unbegreiflich.*
ADALBERT STIFTER

Leider habe ich noch nie richtige Lilien in meinem Garten gehabt. Dabei gibt es einen sonnigen Platz vor dem Hintergrund einer dunklen Eibe, an dem ich mir eine Gruppe weißer Madonnenlilien wunderschön vorstellen kann. Aber nie erreicht dieses innere Bild die Schönheit eines wirklich geschauten Bildes in Tansania, als ich von einer kleinen Bergkuppe in ein stilles bewaldetes Tal hinab auf Hunderte von wilden Lilien blickte. Zwischen zarten Gräsern hielten sie ihre weißen Gesichter mit einer Anmut in die Sonne, dass es mir den Atem verschlug. Die Lilien verliehen diesem kleinen Tal etwas von der Reinheit des dritten Schöpfungstages, als die Blumen ins Dasein gerufen wurden.

Seither verstehe ich besser, warum auf alten Gemälden das »Lilienzepter« ein Zeichen der Reinheit ist. Maria hält es in der Hand, manchmal auch ein Engel, der damit die Nähe des göttlichen Geistes ankündigt. Die Liliengeste des Engels sagt: In jedem Menschen ist Platz für diese reine Geistesgegenwart Gottes. Das war schon König Salomo bewusst, als er für die rituellen Waschungen der Priester im Tempel ein riesiges Kultbecken aufstellen ließ, das einer aufgegangenen Lilie glich. Äußere Reinheit soll uns zu innerer Reinheit inspirieren, die nichts anderes ist als größtmögliche Offenheit für Gott. »Der Mensch fließt sofort zu Gott hin, wenn der Kanal der Reinheit offen ist«, bestätigt der amerikanische Naturmystiker Henry David Thoreau.

Aber wie finden wir zurück zu einer solchen geistesgegenwärtigen Reinheit, einem solchen schneeweißen Lilienleuchten? Wir, die wir bisweilen rabenschwarze Gedanken im Herzen tragen? Zum Glück sind wir damit nicht allein. Ein Sprichwort aus Ungarn hilft weiter: Sogar eine weiße Lilie wirft einen schwarzen Schatten! An der Lilie ist also nicht ihr eigener Glanz, sondern exklusiv der Glanz Gottes zu sehen. Die überirdische Reinheit der Madonnenlilie ist da, solange sie so von sich selbst wegweist und auf Gott hindeutet. Darin gleicht sie Maria selbst, die ihre tiefe Armut erfasste, sich aber, wie Martin Luther betont, damit nicht weiter beschäftigte, sondern nur noch mit der Gnade des Heiligen Geistes, die sie erfahren hatte.

Der Geist lässt uns die Dinge in einem anderen Licht sehen und zugleich macht er uns selbst immer durchlässiger für Gott. Er reinigt uns und durchleuchtet uns wie ein Sonnenstrahl, der die Trichterblüten der Lilien in strahlendes Weiß hüllt und Maria in das Licht der göttlichen Liebe. Was dann zu sehen ist, dieses Leuchten aus dem Inneren der Lilien wie der Madonna, ist pure Geistesgegenwart. Unabhängig von unseren Schatten und Verfehlungen.

Um uns daran zu erinnern, stehen in manchen alten Kirchen, wie etwa in St. Einsiedeln, schwarze Madonnen und wenden sich mit einem tröstlichen Lächeln dem Betrachter zu. In aller Ruhe und Gelassenheit zeigen sie uns: Das Reine ohne Niedrigkeit, ohne Dunkelheit gibt es nicht. Den Kanal der Reinheit zu öffnen bedeutet, durch das eigene Dunkel hindurch in Gottes Licht zu tauchen. Es wie diese Madonnen zu wagen, auch dem Dunklen in uns zu trauen, indem wir es

radikal in Gottes Licht halten. So lange, bis man selbst ganz in dieses Licht gehüllt ist. Das alte Wort dafür ist Demut. Das ist der Mut, die eigene Wahrheit mitsamt dem eigenen Schatten zu akzeptieren. So wie Maria ihre eigene Niedrigkeit und die weiße Lilie ihren schwarzen Schatten.

Mohn

oder Geschwister der Dankbarkeit

*Am Ende wird Dankbarkeit
unsere uneingeschränkte Lebendigkeit
angesichts einer als Geschenk
gewährten Welt sein.*
DAVID STEINDL-RAST

Weil ich im Juli zur Welt kam, gehört seit meinen Kindertagen der rote Klatschmohn zu meinen liebsten Gratulanten. Immer stand er mir nahe – nicht als Schnittblume im Strauß, wofür sich das fragile Blumenwesen ja auch gar nicht so gut eignet. Der Mohn sandte mir seine herzroten Glückwünsche vom Wegrand zu, bebend und flatternd im warmen Wind, wie ein im Gegenlicht erleuchteter Drachen aus chinesischem Seidenpapier. Und immer war ich seltsam glücklich darüber, aber anders froh als in der Freude über erfüllte Geburtstagswünsche oder liebevoll ausgedachte Überraschungen. Um den Klatschmohn war ein Geheimnis, ein wundersames, gutes Geheimnis, namenlos und groß, aber nah wie ein Name eines Menschen, der einem gerade nicht einfällt, obwohl man mit ihm ausschließlich Freundlichkeit und Güte verbindet. Immer wenn ich einen blühenden Klatschmohn sah, war der Tag ein Geschenk, herausgehoben wie ein Festtag, herzlich gesegnet und erfüllt von Güte.

Wie glücklich war ich darum, als ich viel später einmal zum Geburtstag ein Gedicht von Hermann Hesse geschenkt bekam, in dem der Dichter, selbst ein Sommerkind, dem Mohn seine Reverenz erwies und mir seinen Namen verriet: »Wir Kinder im Juli geboren ... / wir wandern an blühenden Gärten hin / still und in schwere Träume verloren. / Unser Bruder ist der scharlachene Mohn, / der brennt in flackernden roten Schauern / im Ährenfeld und auf den heissen Mauern, / dann treibt seine Blätter der Wind davon ...« Das war es also, so nah dem Bewusstsein des Kindes und doch bisher ohne Namen, das Geheimnis des Mohns. Ins Wort eines Dichters gebannt, das sich wie ein Siegel aufs Herz legt: Er ist unser Bruder.

Unser Bruder, der Mohn. Was ich schon als Kind gespürt hatte, war Seelenverwandtschaft! Das Geistige im Pflanzenherz, in der ganzen Schöpfung, ist verwandt mit dem Geistigen in unseren Herzen.

Irgendwann bricht sich diese wunderbare Verbundenheit Bahn und erfasst auch unser Bewusstsein. So wie bei Franz von Assisi, der in seinem berühmten Sonnengesang unsere Geschwister Sonne und Wind, Wasser und Feuer, ja sogar den Bruder Tod liebevoll an sein Herz nimmt und mit ihnen allen Gott lobt und dankt. Dieses universelle Zusammengehörigkeitsgefühl erklärt die ganze Schöpfung zur Familie Gottes. Es macht uns bewusst, dass wir, die Lebenden wie die Toten, eingebettet sind in eine unglaublich große, heilige Gemeinschaft des Lebens. In dieser universalen Familie empfangen wir alle unendlich mehr, als wir je geben können – Geschenke, die wir zusammen mit unseren Schwestern und Brüdern ohne Schuldgefühle und mit einer großen Freude im Herzen annehmen dürfen.

Wenn in allem Geschenk ist, und leuchtende, uneingeschränkte Freude, ist unser Herz lebendig und erfüllt von tiefer Dankbarkeit. Dankbarkeit, die uns aus unseren schlechten Träumen von Unabhängigkeit, Getrenntsein und Einsamkeit aufweckt. Dankbarkeit, die nicht Abhängigkeit ausdrückt, sondern wissende Zugehörigkeit und mohnrote Liebe.

Moos

oder Die Kompetenz der Einfachheit

*Mir scheint, ich sehe
in der Moosflechte auf den Felsen
mehr mir Verwandtes
als in meinen Büchern ...*
HENRY DAVID THOREAU

Auch im Pflanzenreich gibt es kapriziöse Geschöpfe, die hohe Ansprüche stellen und den Gärtner oft mehr beanspruchen als erfreuen. Trotz ihrer Pracht habe ich mich meistens lieber von ihnen fern gehalten. Lieb dagegen waren mir immer die »armen Verwandten«, die unkomplizierten und schlichten Pflänzchen, die keine großen Umstände machen. Die einfach da sind, die einfach wachsen und gedeihen, die einfach Freude machen. Mein Liebling in dieser Hinsicht ist das Moos. Einfacher geht es kaum.

Das Moos leistet sich eine unglaublich schlichte Selbstorganisation. Moos hat nicht einmal Wurzeln. Es verankert sich auf dem Boden, indem es auf seiner Unterseite ein Geflecht aus feinsten haarartigen Dochten entwickelt. Diese filzige Matte kann hervorragend Feuchtigkeit speichern. Auf so simple Weise filtert Moos alles Wesentliche für sich heraus, Wasser und Nährstoffe. Weil ihm das genügt, hat das Moos nie ein hierarchisches Bewusstsein entwickelt, wohl aber Breitenwirkung. Moos strebt nicht nach oben, es erobert sich die Welt still von unten. Seine Tugenden sind Unabhängigkeit und Stehvermögen, und das seit 350 Millionen Jahren. Ob extreme Trockenperioden oder klirrender Frost, das Moos kann sich ausgezeichnet regenerieren, weil es so einfach geblieben ist.

Woraus besteht die radikale Einfachheit dieser uralten Pflanzengattung? Sie ergibt sich aus der geglückten Verbindung von schlichter Form mit komplexer Funktion. So ist beim Moos wahre Einfachheit immer mit Fülle verbunden. Jedes kleine Moospölsterchen macht sich rund und weich und bietet der Welt seine Hilfe an. Ein gepolstertes Kugelnestchen für die winzigen Eier des Zaunkönigs? Eine winterliche Abdeckung, um zarte Pflanzenbabys rundum in ein warmes Kissen zu packen? Wärmende Einlagen in den Schuhen von Köhlern, Holzfällern und Kräuterweiblein? Eine weihnachtliche Landschaft rund um die Krippe? Ein Wundverband mit antiseptischer Wirkung für verletzte Tiere? Ein ideales Versteck für Kleinstlebewesen und ein nahrhaftes Keimbett für die Samen der Waldbäume? Ein Bodenschutz gegen Austrocknung durch Wind und Sonne, aber auch vor Frost? Ein natürliches Dämmmaterial zwischen zugigen Ritzen alter Holzhäuser? Still und leise macht das Moos dies alles und noch viel mehr möglich.

Durch die Beschränkung auf ganz einfache Strukturen wird immer das Grundlegendste offenbar. Beim Moos mündet die Kunst der Selbstbeschränkung in dem, was man als die »Kompetenz der Einfachheit« bezeichnen könnte. Es kann alles so anschauen, dass es die einfache Wahrheit in allem erkennt. Und die einfache Lösung. Für den Einfachen ist das Leben einfach, aber nicht eindimensional. Das einfache Moos hat einen kompetenten Blick für die unzähligen Möglichkeiten auf Erden, authentisch zu sein und in aller Stille Gutes zu tun, wo es nötig ist. Moos wärmt und schützt, nährt und heilt, schmückt und verbindet. Aus der Sicht des Mooses passen Einfachheit und Fülle hervorragend zusammen. Darum erzeugt bei mir selbst das kleinste Moosteilchen Ehrfurcht und Bewunderung. Souverän ist es, ein wundervolles Symbol für Erfüllung, die man erfährt, wenn man dem Leben freundlich zugewandt ist. 🌱

Narzisse

oder Erleuchtete Beziehungen

*Wie eine Wolke hoch im Blau
schritt einsam ich im Ungewissen,
da sah ich – unverhoffte Schau! –
ein Heer von schimmernden Narzissen ...*
WILLIAM WORDSWORTH

Unter allen Frühlingsboten gehören drei auf eleganten Stängeln wippende Narzissenarten zu meinen ganz besonderen Lieblingen: die einfache Osterglocke, deren fröhliches Gelborange aus einem Kindermalkasten stammen könnte und jedem Ostertisch Sonnenwärme schenkt; dann die vornehme weiße Dichternarzisse, Narcissus poeticus, die mit ihren dunkel lodernden Narzissen-Augen in die Tiefe schauen und Seelengeheimnisse berühren kann; und schließlich die Engelstränen-Narzisse, die mit nach hinten geworfenem zartblättrigem Schleierköpfchen einer orientalischen Prinzessin gleicht und deren süß-narkotischer Duft dem alten persischen Familiennamen »Nargis« alle Ehre macht.

Obwohl die Narzissen seit Jahrtausenden als Gartenpflanzen kultiviert werden, haben sie sich etwas Wild-Kreatürliches bewahrt. Ihre Zwiebeln teilen sich gern und »verwildern« gut, weil sie einem Standort lange treu bleiben können. So sind schon die Narzissenzwiebeln mit ihren vielen Tochter- und Seitenzwiebeln ein wunderbares Bild für eine gesunde

Gemeinschaft. In ihrem Wildwuchs drückt sich die ursprüngliche Schöpfungsfülle aus, die sich bis in die Vielheit der über 14 000 Narzissensorten erhalten hat. Beziehungsfülle ist für Narzissen ein fundamentaler Code.

Denn alle diese Schönheiten haben trotz ihrer sehr unterschiedlichen Temperamente eines gemeinsam: Einzeln wirken sie verloren, ihren Zauber entfalten sie erst in größeren Gruppen. Narzissen sind keine selbstverliebten Einzelgänger, wie ihr Name vermuten lassen könnte, Narzissen bevorzugen großzügige, konziliare Konstellationen. Sie stehen gerne in Scharen zusammen und kreieren gemeinsam ein üppiges Bild des Überflusses und der Verbundenheit. Zusammenwachsen heißt ihr Konzept und ihre gute Botschaft flutet als gelber Narzissenbach unter Büschen und über Wiesen fröhlich dahin.

Narzissen nähren die Seele mit einer beziehungsreichen Weisheit: Das Ich entsteht immer im Antlitz des Anderen. Wir erkennen uns selbst erst im Du und lieben einander dafür. Wir bleiben nicht bei uns selbst stehen, sondern erlauben dem anderen voll Freude, seine eigene Schönheit zu erfassen, während er uns in die Augen blickt. Dann setzt sich in uns beiden, dem Schauenden und dem Geschauten, ein neues Bild zusammen, alles Schöne sammelnd, den gemeinsamen Reichtum feiernd.

In solchen Augen-Blicken gelingt es uns, vorauseilend zu lieben, den anderen mit den »erleuchteten Augen des Herzens« (so der Apostel Paulus im Epheserbrief) wahrzunehmen. Gelingt das wechselseitig, so befreit es beide vom Narzissmus und beschert ihnen eine neue Ebene der Selbstwahrnehmung: Ich bin mehr ich durch dich. Wer es dann dabei belässt und weggeht, also nur nimmt, ist ein Narziss. Wer dagegen einer Narzisse gleicht, bleibt da und schenkt die gleiche Erfahrung zurück oder an ein neues Du weiter. Er will sie auch einem anderen möglich machen: Sei du mehr du durch mich. Dann blüht der Dank hundertfach auf: Ich bin durch Dich so Ich. So wird die Seele der Narzisse satt. Und die ihrer Freunde auch. 🍏

Nebel

oder Fülle und Nichts

*Die schönste der Ebenen
ist die Ebene der beiden Nebel,
sie ist nicht weit von hier ...*
IRISCHES ELFENLIED, 11. JAHRHUNDERT

In unserer Gegend, einem früheren Moor, bleibt im Herbst und Frühjahr der Nebel oft lange hängen oder verzieht sich gar nicht. Es gibt Tage, da füllt er wattig, schwer und grau alle Freiräume aus, lastet auf den Zweigen, die plötzlich ihre Kontur nicht mehr kennen und sich verwirrt ins Ungewisse zurückziehen. Mit dem Nebel erlöschen auch die bunten Farben, als hätte ein betrübter Maler mit einem nur halb ausgewaschenen Pinsel eine flüchtige Skizze sogleich wieder verwischt. Übrig bleiben verschossene Farbschleier, die der »Nebelweber webt und webt«, wie es bei Christian Morgenstern heißt. Unheimlich ist dieser sickernde Dunst, für die meisten bedrückend, vage und so vom Verlust bestimmt, dass ihre Stimmung an einem nebligen Novembertag völlig gedämpft wird und ins Negative sinkt.

Als gute Psychologen wussten Mystiker wie Gregor von Nyssa oder Teresa von Avila diesen Tatbestand geschickt in spirituelle Bilder umzusetzen. Sie warnten vor einer Art geistlichem Nebel, der »die schauerlichen Finsternisse unseres Geistes hervorbringt«, die Sehschärfe der Seele verdunkelt und eine Ignoranz gegenüber dem wahren Gott erzeugt. Je dichter und dunkler der Nebel, umso weniger leuchten der Seele die göttlichen Wahrheiten ein. Ihre Fähigkeit, die Strahlen des himmlischen Lichts wie ein Spiegel zu reflektieren, verkümmert. Das Gute wird der Seele gleichgültig. Sie verdämmert im »Nebel der Gottesferne«.

Diese klare Metapher braucht aber nicht die einzige Deutungsebene für den mehrdeutigen, sich so vielem entziehenden Nebel zu sein. Ganz nah liegt auch eine weitere, zweite Ebene, die ich den »Nebel der Gottesnähe« nennen möchte. Weil man im Nebel darauf verzichten muss, alles glasklar vor Augen zu haben und weil man sich nicht mehr wie gewohnt auf eindeutige Zuordnungen verlassen kann, entsteht ein neues Gesamtbild, das auch das Unsichtbare und Unbegreifliche einbeziehen kann. Auch ein im Nebel versunkener Garten hat seine Schönheit. Sie ist eingebettet in diffuse Zwischenräume der Wahrnehmung, wo es keine Begrenzungen mehr gibt, dafür aber Platz für Intuition, Ahnung, Traum und Imagination. Sanfte, rätselhafte Momente von unsagbarer Fülle schweben im Nebel, ähnlich wie Vögel, die durch ihr bewegungsloses Stehen in der Luft diesem mobilen Element die Ebene des Innehaltens hinzufügen.

Stille, Innehalten, In-sich-Einkehren, Loslassen. So wie ein Tal sich mit nichts als Nebel füllen kann, so kann sich der Mensch durch Innehalten füllen mit nichts als bloßem Gesammeltsein auf das Unsagbare hin. Ähnlich, wie sich im Nebel Wasser und Luft mischen, so mischen sich im Gesammeltsein Fülle und Nichts. Fülle heißt: Der Nebel eröffnet einen substanziellen Kontakt zum Göttlichen. Nichts heißt: Es gibt dabei keinerlei Möglichkeit zum Besitz. Was diese Sammlung fördert, erleben wir als heilsam. Was sie stört, verwirrt oder lenkt ab. Das Wenige, das bleibt, verhilft uns zur Konzentration und Schau. Ich schaue nicht auf mich, sondern ordne mich auf das Ganze hin. Im Absehen von mir selbst bin ich im Einklang mit mir und dem Geheimnis der Welt, auch wenn es sich mir im Nebel der Gottesnähe wieder entzieht. Von Gott aus fallen die beiden Ebenen von Fülle und Nichts, Nähe und Ferne ohnehin zusammen. Entscheidend ist: Gott kommt immer auf mich zu. Das ist die schönste aller erfahrbaren Ebenen.

Die Ebene der beiden Nebel, sie ist nicht weit von hier ... 🌱

Pikieren

oder Schöpferische Einsamkeit

Du meine heilige Einsamkeit,
du bist so reich und rein und weit
wie ein erwachender Garten.
Meine heilige Einsamkeit du –
halte die goldenen Türen zu,
vor denen die Wünsche warten.
RAINER MARIA RILKE

Für mich beginnt das Gartenjahr so richtig erst im März, wenn die Frühlingssonne durch die Fensterscheiben lacht und ihr warmes Licht auf meine Pflanzschalen mit frisch gesäten Sommerblumen fällt. Ich liebe den Moment, wenn die kleinen Knirpse keimen und dicht gedrängt die feine Anzuchterde mit ihrem Hoffnungsgrün durchbrechen. So viel Leben und Neuanfang auf kleinstem Raum, so viel Verheißung! Es dauert allerdings nicht lange, bis die Sämlinge sich gegenseitig mit ihren zartgrünen Blättchen im Weg sind. Sie stehen viel zu dicht und müssen rechtzeitig pikiert werden. Bei den kräftigen Ringelblumen ist das noch ziemlich einfach. Bei dünnen Stängelchen wie denen der Löwenmäulchen muss man dagegen schon höllisch aufpassen, um sie beim Vereinzeln nicht zu verletzen.

Pikieren ist ein heikler Moment für jede Pflanze und man spürt bei dieser Arbeit genau, wie ungern manche sich dieser

Prozedur unterwerfen. Trotzdem ist sie notwendig, damit aus jedem Winzling einmal eine gesunde kräftige Pflanzenschönheit werden kann. Auf Dauer schwächt zu große Nähe die Pflänzchen und hemmt ihr Wachstum. Erst wenn man ihnen mehr Raum gibt und sie einzeln setzt, haben sie langfristig eine Chance, sich voll entwickeln zu können. Jedes einzelne muss lernen, für sich alleine stehen zu können. Und diese Form der Einsamkeit als Dienst am Selbst kennen lernen, als sorgsame Amme der Selbständigkeit.

Dann ist Einsamkeit auch nicht identisch mit Isolation. Der gesunde Einsame hat sich nicht abgeschnitten von der Wirklichkeit, sondern einen eigenen Ort gefunden, von dem aus er sich selbst treu sein kann.

Einsamkeit enthält ein hohes Maß an persönlicher Freiheit. Alleine etwas durchgestanden zu haben, das macht selbstgewisser. Alleine etwas bestanden zu haben, schenkt der die Prüfung begleitenden Einsamkeit Sinn. Und darum darf man auch mit Friedrich Nietzsche die Einsamkeit (neben Mut, Einsicht und Mitgefühl) als eine Kardinaltugend ansehen. Nietzsche betonte allerdings, dass man stets »Herr« dieser Tugend bleiben müsse, um nicht in falscher Einsamkeit zu versinken. Es macht nur Sinn, in die Einsamkeit zu »fliehen«, wenn man bereit ist, sie bewusst zu gestalten und auszuschöpfen.

Schöpferische Einsamkeit hilft, nicht mehr vor sich davonzulaufen oder das eigene Potenzial in sich zu boykottieren. Schöpferische Einsamkeit unterstützt uns dabei, unser ureigenes Feld in Besitz zu nehmen und die unerschöpflichen Schatzkammern in unserem Inneren zu öffnen, die eigenen Ressourcen zu nutzen. Schöpferische Einsamkeit nährt die leidenschaftliche Hingabe an ein inneres Bild, den Glauben an eine einzigartige Bestimmung. Schöpferische Einsamkeit hilft, dass man aus der Menge hervortritt und zum Original wird. So wie meine zarten kleinen Löwenmäulchen, die nach dem Pikieren tüchtig heranwuchsen und heuer in aller Pracht blühten. Jedes einzelne stark und aufrecht und schön, eine Augenweide – bis in den Dezember hinein! 🌱

Rittersporn

oder Der Wohlgeruch Gottes

*Jede Blüte
sinkt nieder. –
Doch es bleibt ihr Duft.*
AUS JAPAN

Die Ägyptologen, die vor einiger Zeit den mumifizierten Körper des Pharao Amenhotep I. auswickelten, erlebten eine unglaubliche Überraschung. Sie konnten immer noch den Rittersporn riechen, der zur Konservierung des Herrschers verwendet worden war. Der jahrtausendealte Duft des Rittersporns spricht sehr beredt von Amenhoteps anhaltender Würde und Weisheit. Der modrige und düstere Geruch des Todes ist vom feinen und sanften Duft einer blauen Blume besiegt worden.

Der in Blautönen schwelgende Rittersporn verkörpert das Heilige und Ewige auf wunderbare Weise. Sein Duft ist ein Botschafter des auferstandenen Lebens. Aber woher kommt er und von wem hat er diesen feinen Wohlgeruch empfangen?

Der islamische Mystiker Dschelaleddin Rumi meditierte die Unsterblichkeit im Duft einer vergänglichen Blume und fragte sich: Kommt dieser süße Duft vielleicht gar nicht aus der Blume, sondern von der »Wiese der eigenen Seele«? Das würde bedeuten, dass sich im zarten Duft einer Blume unsere eigene Seele offenbart, die sich freigebig verströmen will. Das träfe auch den Sinn eines wundervollen Satzes im Neuen Testament (2 Korinther 2,14), wo Paulus sagt, dass Gott überall den »Duft seiner Erkenntnis« verbreitet. Aber nicht durch Blumen oder Blüten, sondern durch uns Menschen! Paulus spricht hier eine auffallend zärtlich-poetische Sprache: Jeder Mensch trägt in sich den »Wohlgeruch Gottes« und hat die Möglichkeit, wie Jesus ganz durchlässig zu werden für den himmlischen Duft eines Lebens in Gottes liebevoller Gegenwart. Viele Christen haben das nie erfahren, wie sich durch sie hindurch Gott angenehm verströmen kann. Sie wirken blockiert und gehemmt und schotten sich gegen alles ab. Sie haben sogar konfessionellen »Stunk« untereinander und können sich gegenseitig nicht riechen. Auf Kirchenferne und Nichtchristen wirkt das konfessionelle Gezeter jedenfalls alles andere als anziehend. Der große Befreier Indiens, Mahatma Gandhi, äußerte sich dazu einmal ähnlich klar und poetisch wie Paulus: »Wenn Sie den Duft des Christentums verbreiten wollen, müssen Sie es wie die Rose machen. Die Rose zieht die Menschen unwiderstehlich an und ihr Duft bleibt an ihnen hängen. So sollte es auch mit dem Duft des Christentums sein. Er ist viel zarter als der der Rose und sollte, wenn möglich, auf noch stillere und unmerklichere Weise verbreitet werden.«

Ob Rose oder Rittersporn, gemeint ist immer das menschliche Herz. Auch der mittelalterliche Mystiker Bernhard von Clairvaux wusste das und verriet obendrein, wie unser eigenes Herz »wohlriechend« werden könne. Bernhard empfahl, dass man in die duftenden Tugenden Marias eintauchen solle, in Düfte, die »ebenso errettend wie süß sind«. Heute würden wir vielleicht sagen, dass wir der weiblichen Seite Gottes ganz nahe kommen, wenn wir dem feinen Duft der göttlichen Gegenwart vertrauen – in uns und in anderen.

Und wie erkennt man nun diesen besonderen Duft, an den uns der Rittersporn mit einem blauen Lächeln erinnert? Er hat unendlich viele Nuancen und umhüllt uns wie ein sanftes Tuch. Er ähnelt dem Duft der Neugeborenen und schwebt durch die Träume der Liebenden. Er hat seit Urzeiten geduldig auf uns gewartet und erreicht uns in traurig verregneten Nächten genauso wie an sonnenhell aufsteigenden, großen Tagen.

Es ist der Seidenduft des Himmels, der zu uns herüberweht, zärtliches, unsterbliches Jetzt im Blick einer vergänglichen Blüte. Ein Duft, der sich ins Blau wirft wie ein anderer sich in jemandes Arm. Ein Duft von verstörender Aufrichtigkeit und weiblicher Anmut. Ein Duft, der leise hinzutritt, aber nie vergeht. Ein Duft wie geschaffen für Gott. Und von ihm für uns – jenseits aller Zeiten, Kulturen und Konfessionen. 🌿

Rose

oder Das Siegel der Verschwiegenheit

*Ich bin dahin gelangt,
die Verschwiegenheit zu lieben.
Sie scheint mir das Einzige zu sein,
was uns heutzutage unser Leben
geheimnisvoll und wunderbar machen kann.*
OSCAR WILDE

Über die Rose wurde so viel gesprochen, erzählt, gesungen und gedichtet, dass man von ihr am liebsten schweigen möchte. Es genügt, sie zu betrachten, die Vielgeliebte, die im Grunde ihres duftenden Herzens nichts anderes tut, als Liebe zu üben und Liebe zu sein. Nur über eines sollte man nicht schweigen, über ihre Verschwiegenheit. Dem Mythos nach ist die Rose die Blume der Liebesgöttin Venus. Ihr Sohn Amor weihte die Rose dem Gott des Schweigens, Harpokrates. Von da an war die verschwiegene Rose die Hüterin der Liebe und ihrer Geheimnisse. Später sah man in dem roten Lacksiegel, mit dem Briefe verschlossen wurden, um das Briefgeheimnis zu wahren, eine rote Rose. Unter Papst Hadrian (1522–1523) wurden die Beichtstühle mit Rosenschnitzereien versehen, um damit das Beichtgeheimnis zu besiegeln. Im 17. Jahrhundert wurden die Decken von Rathaussälen und Klosterkonventen häufig mit Rosen bemalt oder mit geschnitzten Rosen verziert. Jeder wusste, was das bedeutete: Die Rosenmotive sollten die darunter versammelten Gesprächsteilnehmer zur Geheimhaltung mahnen. Auch in Privathäusern setzte die Rose Zeichen. Der Gastgeber hängte eine Rose über dem Tisch auf, an dem er seine Freunde empfing. So wusste man, dass alles, was unter dieser Blume gesprochen wurde, der Verschwiegenheit verpflichtet war. Der Rose konnte man vertrauen. Die Rose öffnete das Herz durch Stille.

Die Kunst der Verschwiegenheit, die die Rose übt, lebt davon, dass sie auf jedes entbehrliche Wort völlig verzichten kann. Selbst die großen Worte der Liebe werden in ihrer Gegenwart plötzlich klein und nichts sagend. Darum verstummen wahre Liebende so oft und ziehen es vor zu schweigen. Sie hüllen sich in eine Form des Schweigens, die mehr sagt, als es Worte jemals könnten. Das ist bei der Liebe zu Gott nicht anders als bei der Liebe zu einem anderen Menschen. Dschelaleddin Rumi liebte das Schweigen der Rose. Für ihn war sie deshalb die wahre Lehrmeisterin der Liebe. »Ihr ganzes Wesen ist ein Staunen vor der himmlischen Lieblichkeit der Liebe ... Schweig also still und zieh den Dorn des Daseins aus deinem Herzen. Entdecke in deiner Seele Rosengarten um Rosengarten.«

Im Rosengarten unserer Seele treffen wir auf unser empfindsamstes Selbst in einer anderen Gestalt. Gesammelter, mehr nach innen gewandt und bereit, auf die Rose zu hören. Die Rose spricht nicht zurückhaltend über die Liebe, in ihr spricht die Liebe ohne Zurückhaltung. So viel Liebe verlangt Diskretion. Die Diskretion der Rose liegt darin, dass sie uns ohne Worte an eine Welt erinnert, die das Schweigen liebt und unbegrenzt mit Liebe füllen kann. Mystiker nennen diese von der Rose geübte Kunst das Zwiegespräch des Schweigens. Es dient dem Dialog der Herzen. »Weil diese vertrauliche Unterredung durch sehr heimliche Regungen und Einge-

bungen vor sich geht, nennen wir sie das Zwiegespräch des Schweigens; das Auge spricht zum Auge, das Herz zum Herzen, und niemand versteht, was gesprochen wird, außer die heiligen Liebenden, die miteinander reden« (Franz von Sales). Zum Geheimnis der Verschwiegenheit gehören deshalb auch das Staunen und das Zartgefühl. Wer sich in der Stille darin übt, versteht, warum man früher in den Serails die Neugeborenen in Rosenblätter wickelte, noch bevor sie das erste Mal gestillt wurden.

Samentütchen

oder Die Multiplikation der Wandlung

*Wer hindert uns, auf diese Samentüten
mit blindem Blick zu schreiben,
was wir wollen?*
ELISABETH LANGGÄSSER

Wenn man einen Garten hat und ein paar Samen, hat man immer eine verheißungsvolle Zukunft vor sich. Wie die Wundertüten aus meiner Kindheit üben die farbenprächtigen Samentütchen im Gartencenter eine magische Anziehung auf mich aus. In den reizendsten Farben leuchten die Blumenköpfchen um die Wette. Wer könnte solchen Verlockungen widerstehen? Man erwirbt ein paar Samentütchen und steckt sich damit einen ganzen Traum-Garten in die Tasche. Alles scheint möglich! Wie wird das Gesicht des Gartens leuchten, wenn ich im einen Jahr niedliche dreifarbige Hornveilchen säe und großzügig mit orange-gelben Klecksen aus Kapuzinerkresse prunke? Ein andermal zarte Töne mit Wicken und Cosmeen einwebe? Dann wieder die bäuerlichen Ringelblumen und Löwenmäulchen aussäe? Mit jedem Kauf von ein paar Samentütchen beginnt ein wundervoller Schöpfungsakt, ein unendliches Spiel mit Farben, Formen und Düften.

Natürlich ist ein Samenkorn noch keine fertige Blume oder Staude. Aber jedes Korn ist ein perfektes System zur Energieumwandlung. Selbst Winzlinge wie die Körnchen von Lobelie oder Begonie sind voll gepumpt mit Traubenzucker, Stärke, Fetten, Vitaminen, Spurenelementen und Enzymen, um erfolgreich keimen zu können. Wenn ich säe, setze ich diese schlafende Energie frei und die Multiplikation der Wandlung beginnt. Keim, Pflanze, Blüte, neue Samen – ein potenzierter Prozess der Energieumsetzung.

Durch das Säen habe ich teil an der Zukunft, die in diesem Augenblick zu keimen beginnt. Vielleicht macht Gärtnern deshalb so viel Spaß, weil das Säen unserer Sehnsucht und unserem Bedürfnis nach Hoffnung ein Ziel schenkt. Ein Same ist darum immer auch ein Symbol für den göttlichen Prozess schöpferischer Erneuerung. Aus der Antike stammt die gnostische Vorstellung, dass der nichtseiende Gott den nicht-seienden Kosmos als Samenkorn schuf, der auf kleinstem Raum alles umfassend in sich enthielt. Heutige Kosmologen wie Rupert Sheldrake formulieren es so: »Das Wissen um das Ganze hat die Kraft zum Ganzen und dieses Geheimnis steckt in einem winzigen Samen.« Ein Same hat also immer einen kosmologischen Aspekt, er zielt auf das Ganze.

Wer so ganzheitlich denkt, weiß auch, dass ein Samenkorn kein isolierter Automat ist, sondern mit allen seinen Anlagen in ein hochsensibles Schöpfungsgeflecht eingebettet ist. Das biologische Potenzial der Pflanze entfaltet sich also nicht automatisch, von selbst, sondern theomatisch, von Gott her und auf ein großes Ganzes hin. Mit unserem menschlichen Potenzial ist es nicht anders. Gott hat seine heiligen Wachstumskräfte als Samen in uns hineingelegt, die jederzeit durch Gottes lebendiges, schöpferisches Wort freigesetzt werden können. Gottes Heiliger Geist sät Heiliges. Die alte indogermanische Wurzel für Samen ist *sei-*, »entsenden«. Wenn die Saat Gottes im Herzen aufgeht, dann gibt es dafür ein untrügliches Zeichen, die Herzensfrage: Wofür bin ich gesandt? Und bin ich bereit, mich dahin zu wandeln? In unserem spirituellen Code steckt auch schon unser entfaltungshungriges Heiliges Ich. In jedem von uns schlummert der Keim eines künftigen Heiligen, gezeugt aus kosmischem Geist und gesandt dazu, für Gott aufs Ganze zu gehen. 🍏

Schere

oder Der Schmerz der Beschneidung

*Das Zurückschneiden von Zweigen und Ästen
verlangt vom Gärtner mehr als sonst etwas
eine große Portion Glauben und Vertrauen.*
MARILYN BARRETT

Am Anfang meiner autodidaktischen Versuche als Gärtnerin hatte ich eine unendliche Scheu vor dem Zurückschneiden meiner Pflanzen. Zudem sollte in meinem frisch erworbenen Gärtchen alles ein bisschen verwunschen und verträumt aussehen und so ließ ich Bäume, Büsche und Beete munter sprießen. Das Ergebnis entsprach aber leider gar nicht meinen romantischen Vorstellungen von Natur (und schon gar nicht den zauberhaften Fotos aus den Gartenzeitschriften). Einige Pflanzen trieben einen hartnäckigen Verdrängungswettbewerb und überwucherten ihre zurückhaltenderen Nachbarn rücksichtslos und in Windeseile. Andere Exemplare wie die Scheinakazie oder meine Buchsbäume verloren ihre prägnante Kugelform und wirkten seltsam derangiert und kraftlos. Die Folge war, dass der ganze Garten keinen inneren Halt hatte und in seiner »Kraut und Rüben«-Gestalt einen jämmerlichen Anblick bot.

Die Stunde der Gartenschere war gekommen. Und mit dem beherzten Griff zur Schere auch die staunende Erkenntnis, dass sie nicht nur eines der wichtigsten Werkzeuge in

Gärtnerhand ist, sondern auch eine begnadete Lehrmeisterin der Seele. Es ist ausgerechnet die scharfe Schere, die für harmonische Formen, Ausgleich und Schönheit sorgt. Es ist die Schere, die uns mit messerscharfen Schnitten lehrt, dass unsere Seele auf dem Weg zu ihrer eigentlichen Form und schönsten Gestalt den schmerzlichen Prozess der Beschneidung durchmachen muss.

Jeder Gärtner weiß, wie wichtig das regelmäßige Auslichten von Bäumen und Sträuchern ist. Totes Holz muss gekappt, alte Zweige müssen entfernt werden, um frischen Trieben Platz zu verschaffen. Dieser Verjüngungsschnitt kommt der ganzen Pflanze zugute, weil er dafür sorgt, dass wieder Licht in die versteckteren, innen liegenden Bereiche dringt. Warum sollte es bei der Seele anders sein?

Der Psychiater und Seelenforscher C. G. Jung deutet den uralten Initiationsritus der Beschneidung als Symbol für die Ablösung aus »träger Unbewusstheit, die der höheren geistigen Entwicklung größten Widerstand entgegensetzt«. Die Befreiung der Persönlichkeit aus alten Bindungen wird zur einschneidenden Erfahrung, der Schmerz zum notwendigen »Geburtshelfer« für neue Einsichten: »Der Schmerz ist ein gnadenloser Gärtner. Er kappt falsche Bestrebungen und Illusionen, er lehrt uns Lektionen, die wir durch Freude zu lernen verweigerten. Er schneidet tief ins Fleisch. Dieser Schmerz stutzt die unwichtigen Gefühle und lichtet die Reihen der Nebensächlichkeiten. Aber nach dem Stutzen sind wir zu unterscheiden in der Lage, was wichtig und was für unser Glück unwichtig ist« (Sarah Ban Breathnach).

Der Schmerz lichtet aus. Der Schmerz erhellt unser Bewusstsein. Wo der schmerzliche Schnitt vollzogen wurde, fällt neues Licht auf die Dinge. Der Schmerz gehört zu einer größeren Kraft, die sich an uns vollzieht, ob wir es wollen oder nicht. Wir wissen nicht, warum wir den Schmerz als

Lehrmeister brauchen, warum es manchmal nicht anders geht. Aber wir wissen, dass er unser Verstehen vertieft und unseren Gefühlen Klarheit verleiht. Und noch ein Gedanke: Ein guter Gärtner nimmt die Schere nicht in die Hand, um eine Pflanze zu verletzen. Er beschneidet eine Pflanze, um ihre Gesundheit und ihr Wachstum zu fördern. Je schärfer die Schere ist, umso präziser gelingt der Schnitt, umso besser heilt die Wunde. Die scharfe Gartenschere ist ein Werkzeug des Mitgefühls, geführt von einer wissenden Hand, die darauf vertraut, dass »Gott die Stelle ist, welche heilt«.

Schmetterlinge

oder Extravaganz ist ein Name Gottes

*Die extravagante Geste
ist der eigentliche Stoff der Schöpfung.*
ANNIE DILLARD

Warm genug muss es sein, damit sie kommen, die Schmetterlinge, und mit ihrem schillernden Flügelschlag meinen Garten in ein Paradies verwandeln. So jedenfalls kommt es mir vor: Wo ein Schmetterling flattert, wird ein Stück vom Paradies sichtbar – heitere, unbekümmerte Lust am Sein.

Seine fragile Schönheit entzückt uns so sehr, dass wir ihm mit den Augen nachjagen und seinem Flug zu folgen versuchen, wobei wir kopfwackelnd wie Betrunkene unsere ursprüngliche Sichtweise auf überraschend komische Weise vergessen. Wir stolpern mit den Blicken hinter ihm her und fühlen uns unbeholfen angesichts seiner verspielten und unangestrengten Eleganz, die jeden festen Standpunkt verweigert, aber doch einen unermesslich großen Bezugsraum hat: die Luft.

Schmetterlinge sind von ihrem innersten Wesen her bewegte Luft. Farbige Luft. Entfaltete Luft. Als habe Gerhard Tersteegen, der evangelische Mystiker, in seinem Lied »Gott ist gegenwärtig« die Zeile »Luft, die alles füllet – drin wir immer schweben« im Blick auf einen Schmetterling geschrieben.

Und weil frühere Generationen sich offensichtlich etwas mehr Zeit gönnten, den Schmetterlingen nachzuschauen und nachzudenken, fanden sie auch die Zeit, jedem dieser Tänzer der Luft einen unverwechselbaren Namen zu geben.

Würdevolle Titel sind darunter wie *Rotes Ordensband, Kaisermantel, Blauäugiger Waldportier, Admiral* oder *Goldene Acht*. Eher zärtlich klingen *Landkärtchen, Hausmutter* und *Kupferglucke*. Dann die frechen Namen, die allerlei Spitzbübereien einschließen: *Flattermaus, Kleiner Fuchs, Weidenbohrer, Birken-Zahnspinner, Molkendieb*. Geheimnisvoll dagegen leuchten *Mondvogel, Purpurbär, Damenbrett, Nachtpfauenauge* oder – hingehaucht! – *Federgeistchen*. Und schließlich sind da noch die prunkvoll-kostbaren Namen wie *Dukatenfalter, Aurorafalter, Saumfleck-Perlmutterfalter* oder exquisite Farbraritäten wie der *Silbergrüne Bläuling*.

Gegen graue Nummern und nichts sagende Abkürzungen, gegen Fantasielosigkeit und Sprachlosigkeit flattern die Schmetterlinge an. Es ist toter Geist, der sie aufspießen und katalogisieren will. Es ist lebendiger Geist, der in ihnen den Schöpferreichtum erkennt und namentlich feiert. In der griechischen Antike stand der Schmetterling auch sinnbildlich für die Seele. Daran erinnern uns die Falter: dass es jeder Menschenseele darum geht, ihre Einzigartigkeit entfalten zu dürfen. Die Extravaganz unserer Seele verrät ihren göttlichen Ursprung. Gott hat unsere Seelen exquisit gestaltet und jede einzelne mit einer unvergleichlichen Schönheit ausgestattet. Unsere Aufgabe liegt darin, uns selbst, aber auch gegenseitig so genau anzuschauen und zu durchdringen, bis es uns gelingt, unser tiefstes Wesen zu entdecken und neu zu benennen.

Gott hat ein Faible für das Extravagante. Er liebt es, wenn wir untereinander nach seinem inneren Glanz suchen, der sich jedem Menschen auf eine andere Weise offenbart. Wer einen einzigen Schmetterling oder ein einziges Menschenherz meditiert und es schafft, ihm einen gänzlich neuen Namen zu geben, der das Wesentliche aus der Tiefe dieses Wesens erfasst, der fügt auch Gott selbst einen neuen Namen hinzu. Man braucht ihn nur auszusprechen und der Schöpfergeist neigt voller Entzücken sein Ohr. 🍏

Schneeglöckchen

oder Heilige Schlaflosigkeit

*Um eine einzige Tat nur geht es –
und das ist das Ganze:
denn diese eine Tat bindet alles zusammen
und hält es in Ordnung ... diese eine Tat ist:
mit wachem Herzen dazustehen.*
Theophan der Einsiedler

Es gibt ein Erwachen in meinem schlafenden Garten, das noch zum Winter gehört und schon keiner mehr ist. Mit dem ersten Schneeglöckchen ist es da. Es wohnt in der leisen Farbe Weiß, die es auf seinen Blütenblättern trägt, nur eine kleine Nuance anders als der Schnee, der ebenfalls weiße, der alles bedeckt und mit kristallinem Schlaf umhüllt. Aber das Weiß des Schneeglöckchens ist wach und warm. Das Weiß des Schneeglöckchens ist verschmolzen mit dem köstlichen Grün des Frühlings, mit der Kraft, die die Starre des Winters zu brechen vermag.

Das Schneeglöckchen ist der zärtlichste Widerstandskämpfer, den ich kenne. Mit sanfter Gewalt setzt es sich gegen den Frost in der schlafenden Erde durch. Wenn ein Schneeglöckchen unterirdisch keimt, verwandelt es den tiefen Winterschlaf in ein Nachdenken der Erde über ihre Gabe zur Selbsterneuerung. Mit dem Schneeglöckchen offenbart sich eine eindrucksvolle Kraft, die man »heilige Schlaflosigkeit«

nennen könnte. Sie hat eine politische und eine spirituelle Dimension.

Im politischen Sinn durchbricht die »heilige Schlaflosigkeit« die allgemeine Erstarrung in frostigen, verhärteten, fantasielosen und verschlafenen Strukturen. Sie wartet nicht, bis andere aufwachen und etwas ändern. Sie ist damit einverstanden, die Erste zu sein. Sie durchbricht die Lethargie. Und rüttelt damit andere wach. Um ein einziges erwachtes Schneeglöckchen herum taut die Erde auf und erwärmt sich, so dass auch andere Pflanzen erwachen können. Eine kleine Pflanze entfaltet ihr wundersam feines, kraftvolles, gegenwärtiges Sein mit einer Schubkraft, die unseren politischen, sozialen und kirchlichen Strukturen so oft fehlt. Im Schneeglöckchen stecken Kraft und Freiheit zum Durchbruch in Neues, zwei wundervolle soziale Tugenden. Hätten wir mehr Bürger, Politiker, Lehrer oder Gemeindeleiter mit dieser bahnbrechenden sanften Schneeglöckchen-Energie, die Welt wäre um einige Grade wärmer und menschlicher.

Nur, wie lernt man das: einen zart schwebenden Geist haben, der sanft lächelnd zur Erde blickt und Neues einläutet? Und dabei so deutlich dem weißen Schlaf widerspricht, aus dem er kommt? Wie lernt man das, so ganz zu sich selbst zu kommen, trotz aller Hindernisse? Wie lernt man das, so gegenwärtig im Dienst der Zukunft zu sein, so durchsetzungsfähig und zugleich noch herzlich warm? Wir lernen es nur, wenn wir bereit sind, auch im Inneren unseres Herzens zu erwachen. Das ist die unverzichtbare zweite und spirituelle Dimension.

Ich weiß nicht, ob der islamische Mystiker Dschelaleddin Rumi jemals in seinem Leben ein Schneeglöckchen gesehen hat, aber er hat sein Geheimnis beschrieben. Rumi rät allen Suchenden: »Sei Schnee, der schmilzt. Wasch dich ab von dir. Eine weiße Blume wächst in der Stille ...«

Ein Schneeglöckchen ist schmelzender Schnee, der sich in eine Blume verwandeln kann, weil er aufgewacht ist und sich selbst losgelassen hat. Wir dagegen sind meistens frostig Schlafende, die die »grüne Kraft« Gottes in uns vergessen haben. Sie allein schmilzt unser kaltes Herz. Sie wärmt es auf, durchwärmt es so herzlich in glühender Liebe, dass wir selbst hinschmelzen können, bereit, mit Gott zu verschmelzen. Einem lebendigen, jungen, zarten Gott, der uns zu uns selbst auferstehen lassen will in grüner Lebensfrische. Dazu lädt Gott die Seele ein: aufzuwachen, uns abzuwaschen von uns selbst, hinzuschmelzen in seiner Gegenwart und – endlich! – nichts anderes mehr zu sein als eine in heiliger Bewusstheit erblühte zarte Blume.

Schlaf nicht wieder ein. Schlaf nicht wieder ein! 🌱

Sonnenblume

oder Die Wechselseitigkeit des Erkennens

*Die Sonnenblume
gehört gewissermaßen mir.*
VINCENT VAN GOGH

*V*iele Menschen haben eine Lieblingsblume. Für Vincent van Gogh war die Sonnenblume die Blume überhaupt. Er malte sie immer wieder, auf Dutzenden von Bildern, und ließ ihr Licht in sein kleines gelbes Haus in Arles fallen. »Ich denke daran, mein Atelier mit einem halben Dutzend Bildern von Sonnenblumen zu schmücken, einer Dekoration, in der die reinen oder gebrochenen Chromgelbtöne aus verschiedenen Gründen erstrahlen werden ...« Die Sonnenblume gehörte van Gogh wie keinem anderen Menschen zuvor. Sie hatte ihm ihr Geheimnis entdeckt. *Sie* hatte sich nach jemandem gesehnt, der ihr zum Ausdruck ihrer ureigenen Persönlichkeit verhelfen konnte. *Er* hatte erkannt, dass alles in ihr danach drängte, gestaltet zu werden. Dass sie auf ihn, den Meister der gelben Farbpasten, gewartet hatte, um mit ihm ihre Schönheit, ihr Licht, ihre Freigebigkeit zu teilen.

Der von Krankheit bedrohte Maler und die Sonnenblume, die nur einen einzigen Sommer hatte, sie fanden sich zu einer Feier des Lebens zusammen. In einem Brief an seinen Bruder Theo sprach van Gogh einmal davon, »dass es Farben gibt, die einander veranlassen, strahlend aufzuscheinen, die ein Paar bilden, die einander ergänzen wie Mann und Frau«. Genauso bildete er als Maler mit der Sonnenblume ein Paar. Sie hatten sich wechselseitig erkannt. Gemeinsam waren sie bereit, sich gegenseitig mit Güte zu überschütten und zum Strahlen zu bringen. Van Gogh wusste, dass es darum ging, »hinreichend Glut aufzubringen, um dieses Gold, diese Blumentöne zu schmelzen«, auch wenn es »die ganze Kraft und Konzentration eines Menschen dafür braucht«. Die Sonnenblume suchte und verlangte den Meister in van Gogh. Dafür schenkte sie ihm Zugang zum Tiefsten seiner Seele, wo er sich selbst immer ähnlicher wurde. Wirklicher. Ein Selbstverwirklichter. Ein Erfüllter. Fünf Monate vor seinem Tod sprach er davon, dass seine Sonnenblumenbilder »Dankbarkeit symbolisieren mögen«.

Van Goghs Sonnenblumenbilder oder die realen Blumen in meinem Garten: Wo beginnt die Wirklichkeit? Wohin läuft sie? Vom Bild in die Blume, von der Blume ins Bild? Worin erkenne ich sie, worin erkennt sie mich? Die Stunden im Garten, draußen in der Schöpfung, geben auch mir bisweilen das Gefühl, mich in einem einzigen, riesigen, bewegten, atmenden Meditationsbild zu bewegen, in dem alle eingeladen sind, sich gegenseitig wahrzunehmen und zu würdigen. Der Kosmos spricht leise mit uns, um uns die Wahrheit über uns zu erzählen. Wenn ich einen anderen erkenne, steckt darin auch eine mehr oder weniger tief reichende Erkenntnis meiner selbst. Das Eigene und das Fremde stammen ja letztlich vom gleichen Gewebe ab und haben die Gabe, sich verständigen zu können.

Im Dialog mit den Blumen spürt man, wie achtsam, wie liebevoll, fast scheu unsere gegenseitige Zuwendung sein muss, damit die Harmonie des Ganzen nicht gestört, sondern in wechselseitigem Erkennen gelebt wird. Es ist so, als läge in unserem menschlichen Nahekommen zugleich eine Gottes-

nähe, die man nicht verschrecken darf. »In allem ist ER in vollkommenem Maße und genau zur richtigen Zeit«, sagt eine Sure aus dem Koran. Im kosmischen Wissen um unser gleiches Urgewebe liegt der Zugang zu einer arglosen Gottesnähe, die aus der unmittelbaren Anschauung lebt und einfach weiß, zu wem sie gehört. Wie die Sonnenblume zu van Gogh. Und umgekehrt. 🍏

Spinnweben

oder Das Netzwerk des Bewusstseins

*Im Hässlichen weint die Materie; ich habe ihr Seufzen
belauscht. Sieh an ihren Schmerz und liebe ihn.
Liebe die Spinne und die Käfer, weil sie Schmerz
empfinden, weil sie nicht Glück ausstrahlen
wie die Rose. Liebe sie, denn ihr Wesen ist Verlangen
nach Schönheit ... Habe Mitleid mit ihnen, die
sehnsüchtig, leidenschaftlich die Schönheit suchen,
die sie nicht mitbrachten. Die dickleibige Spinne
träumt in ihrem zarten Netz von der Vollendung ...*
GABRIELA MISTRAL

Es gibt einen bemerkenswerten Text des Mystikers Meister Eckhart über Spinnen. Er steht ausgerechnet in einer Predigt über das christologische Thema »Ich und der Vater sind eins« und stellt damit eine ungewöhnliche Verbindung zwischen den irdischen und den himmlischen Dingen her. Meister Eckhart stiftet diese Verbindung mit ein paar Sätzen von ausgesuchter Leichtigkeit, wie sie nur Menschen von großer Einsichtskraft zu eigen ist:

»Ich dachte einmal vor Jahren: Wenn ich gefragt würde, wieso eine jede Grasspinne der anderen so ungleich sei, so würde ich antworten: ›Dass alle Grasspinnen so gleich sind, das ist noch wunderbarer.‹ Ein Meister sagte: ›Dass alle Grasspinnen so ungleich sind, das kommt von der Überfülle der göttlichen Güte, die er verschwenderisch über alle Kreaturen ausgießt, auf dass seine Herrlichkeit desto offenbarer werde!‹ Da sprach ich: ›Es ist viel wunderbarer, dass alle Grasspinnen so gleich sind. So wie alle Engel in der lauteren Erstheit all-eins sind, so sind auch alle Grasspinnen in der ursprünglichen Lauterkeit all-eins. Und so all-eins sind alle Dinge.‹«

Was für Spinnen gilt, gilt auch für uns Menschen. Dank der Genforschung wissen wir, dass über 99 Prozent der menschlichen DNS identisch sind. In weniger als 1 Prozent unterscheiden wir uns! Es gibt eine innerste Struktur im Wesen und Sein aller Dinge, die All-Einheit, der gemeinsame ursprüngliche Code. Er ist die riesige Grundlage und darum verbindender als die Ausdifferenzierung in abertausend verschiedene Arten. Alles Hochdifferenzierte braucht die Rückbesinnung auf den gemeinsamen Ursprung, seine »ursprüngliche Lauterkeit«. Die Materie ist allverbunden von ihren Ursprüngen her, sämtliche Bausteine der Natur stammen aus der gleichen Schöpferwerkstatt.

Dass die Spinne Netze baut, ist ein wundervolles Erinnerungszeichen dafür. Sie spinnt Fäden zwischen einem Zweig und einem Stein – sie verbindet und vernetzt oben und unten, links und rechts, gut und böse, alt und neu, jung und alt, schön und hässlich. Es gibt keinen Pol ohne den anderen. Sie sind miteinander verknüpft und verweisen aufeinander. Die Gegenwart verknüpft uns mit der Zukunft ebenso wie mit der Vergangenheit. Unsere Beziehungsfäden reichen zurück bis zum Anfang alles Seins, aber ebenso in die ferne Zukunft, die unseren Nachgeborenen gehört, die uns vielleicht einmal sogar näher sind als alle unsere Zeitgenossen. Der Dichter Rainer Maria Rilke bewies mystisches Bewusstsein, als er schrieb: »Zu denken, dass wir einst verstanden werden von denen, die nach uns kommen ...« Das ist die Botschaft der feingliedrigen Spinnen und ihrer im Morgendunst schillernden, bei jeder Bewegung zitternden Netze: Wir mögen uns noch so hässlich, so fremdartig, so ungeliebt vorkommen, wir sind mit allen Dingen und Wesen im Kosmos verbunden und vernetzt.

Unser Verlangen nach Schönheit und Liebe ist ein Verlangen nach Zugehörigkeit – ohne Bedingungen. Die All-Einheit, von der Meister Eckhart spricht, ist die uns allen mitgegebene geheimnisvolle Zugehörigkeit zu diesem heiligen Netzwerk in uns. Es verbindet uns mit der Unendlichkeit und wird sichtbar für alle, die wie die Spinne in ihrem zarten Netz von der Vollendung in der »ursprünglichen Lauterkeit« träumen. Mit unserem Bewusstsein weben wir an diesem empfindlichen Netz. Um seine Zerstörung abzuwehren, müssen wir es täglich erneuern.

Steinbrech

oder Vertrauen und Stehvermögen

*Wir wissen nicht,
womit der Steinbrech Steine bricht.
Er übt die Kunst auf seine Weise
und ohne Lärm.
Gott liebt das Leise.*
KARL HEINRICH WAGGERL

Die Familie der Saxifraga ist riesig, Steinbrecharten gibt es unzählige. Viele von ihnen sind klein. Wenn sie nicht gerade blühen, kann man sie leicht übersehen. Ihre Karriere als harmlos-hübscher Bodendecker in sonnenbeschienenen Vorgärten begann erst spät und passt nicht so recht zu ihrer eigentlichen Wildnatur, die sie sich seit Urzeiten bewahrt haben. Der natürliche Standort des Steinbrechs liegt hoch in den Bergen. Dort konnte er seine Fähigkeit, sich auch in finsteren Klüften an den Fels zu klammern, unter Beweis stellen. Die Germanen verehrten diese kleine wundersame Pflanze »nahe den Wolken«, die anscheinend mit geheimnisvollen, ewigen Kräften im Bunde stand.

Der Steinbrech kann tatsächlich Steinböden auflösen. Seine Wurzeln schaffen es, den kristallinen Verbund von Gestein zu sprengen und so lebensnotwendige Mineralien aufzunehmen. Die Kraft des Steinbrechs freilich kommt aus seiner Stärke, alles mit äußerster Zartheit zu tun. Er verlässt sich

auf feinste Würzelchen, gegen deren Berührung der Stein keinen Widerstand leisten kann. Sanft und zart berühren ihn die Wurzeln des Steinbrechs, wieder und immer wieder, bis der Stein verwundert nachgibt. Weil er dem zärtlichen Stehvermögen des Steinbrechs nichts entgegenzusetzen hat. Die Standhaftigkeit und Ausdauer des Steinbrechs hat ein grandioses Fundament. Der Steinbrech ist der Weltmeister im Vertrauen darauf, dass überall etwas wachsen kann und dass in jedem ungeahnte Kräfte stecken. Vertrauen und Wachstum gehören zusammen, sie sind Zwillingsenergien, die schöpferische Prozesse und ihre unendlichen Möglichkeiten freisetzen und begleiten.

Das steinerweichende Vertrauen auf seine Wachstumsmöglichkeiten beruht beim Steinbrech auf seiner Leidenschaft für das Grundlegende, das heilige Fundament des Lebens. Es gehört unaufgebbar zu seinem Leben, dass er zu Gott vorstoßen will. Und so beginnt dieser Pflanzenwinzling durch jeden Stein zu brechen, als müsse er Gott darin finden. Eine ausdauernde Natur wie der Steinbrech findet Gott selbst in den verhärtetsten Strukturen, in den unzugänglichsten Regionen eines Menschenherzens. Seine Sanftheit sprengt gesellschaftliche Mauern und bricht eherne Gesetze, um Gott in sich und anderen zu befreien. Er wird Gott darin immer ähnlicher, dass er den anderen nicht aufgibt. Dass er ihn mitträgt und ihm seine Standhaftigkeit und Durchhaltekraft leiht. Und er schafft es, selbst aus dem Steinbruch eines Lebens, ja aus Geröll und Schutt noch tiefste Innerlichkeit herauszuholen wie ein Goldgräber, der nicht ruht, bis er das edle Metall aus der Tiefe der Erde ans Licht gebracht hat.

Zum Steinerweichen sanft und zugleich unerhört stark ist der winzige Steinbrech und darin ein Abbild mystischer Liebe. Niemand hat dafür schönere Worte gefunden als der spanische Mystiker Johannes vom Kreuz: »Je größer und wirkmächtiger etwas ist, umso feiner ist es in sich. Und je zarter und durchdringender verteilt, umso mehr breitet es sich aus und teilt sich mit. Das Wort ist unendlich zart und durchdringend, seine Berührung berührt die Seele. Wie bist du so hauchzart, Wort, Gottes Sohn, bei deiner bestürzenden Allgewalt! In der Zartheit deines göttlichen Seins durchdringt Gott unseren innersten Wesensgrund fein und völlig, so dass wir im zarten Berühren völlig aufgehen können ...«

Tau

oder Die fließende Perle der Gnade

Es blitzt ein Tropfen Morgentau
Im Strahl des Sonnenlichts;
Ein Tag kann eine Perle sein
Und ein Jahrhundert nichts.
GOTTFRIED KELLER

Wenn in aller Frühe das erste Sonnenlicht über einen neuen Tag zu fließen beginnt, bricht sich das Licht im Glasperlenspiel des Taus. Kühl und frisch, rein und ursprünglich wirkt der Garten im Zeichen des Taus, und zugleich erwartungsvoll geschmückt wie für ein Fest. Die Chinesen schufen für den Tau den poetischen Namen »das Wasser der fließenden Perle«. Am schönsten sehen kann man das beim hellgrünen Sternmoos. Hier ruhen die Silberperlen wie königliche Pretiosen auf einem weich gepolsterten Kissen, als hätte die Nacht, die freigebige Quelle des Taus, dem neuen Morgen ein zart gleißendes Brautgeschenk hinterlassen. An den schmalen Lanzenbögen der Taglilienblätter fließen einzelne Tautropfen zur Blattspitze hin zusammen. Restliches Mondlicht schimmert in ihnen, während sie für eine überraschend lange Weile bebend über dem Abgrund hängen, bevor sie im Erdreich versinken.

Der Tau verleiht manchen Pflanzen eine solche Schönheit und Noblesse, dass man den Blick nicht mehr abwenden kann. Wie bei *Alchemilla mollis,* dem Frauenmantel. Auf seinen trichterförmigen Blättern scheinen die riesengroßen Tautropfen zu schweben. Als hätte ein mutwilliges Kind beim Spielen Quecksilberkügelchen auf hellgrüne Tellerchen geschüttet und dann die Zeit angehalten. Sie rollen nicht und zerfließen nicht. Sie stehen in höchster Konzentration und vollkommener Gelassenheit ruhig nebeneinander und spiegeln, jede kleine Wasserkugel ganz für sich, eine die andere und jede alles. In ihrer Ruhe zeigen sie den wahren Himmel und die ganze Erde. Das ist der eigentliche, einzige Sinn ihres Innehaltens: dass sich die ganze Welt in ihrem Gegenwärtigsein spiegeln kann.

Und doch ist diese verhaltene Stille von höchster Bewegtheit. Alles, was zwischen Himmel und Erde ist, fließt und drängt unaufhörlich in die Ruhe dieser kleinen bebenden Kugel hinein. Alles will von ihr umarmt werden und in ihrem Jetzt aufgehoben sein. In einem einzigen Tautropfen kann die ganze Welt des Hier und Jetzt geborgen sein. Genauso ist es mit einem Herzen, das in Gott zur Ruhe gekommen ist. Die Mystikerin Mechthild von Magdeburg hat in einer Vision Gott selbst davon sprechen hören: »Ich komme zu meiner geliebten Seele wie der Tau auf die Blume ... Dies ist ein göttlicher Gruß, der hat viele Adern und strömt aus dem fließenden Gott.«

Was aus den vielen Adern Gottes in die Welt fließt, benetzt als überreicher »Tau der Gnade« (Hrabanus Maurus) die menschliche Seele. Im Tau steckt reiner himmlischer Geist. Er lädt ein zur gelassenen Schau, zur Ruhe in Gott und zur immer währenden seelischen Verwandlung. Verschwenderisch und im Überfluss ruht diese Gnade auf uns wie der Morgentau auf den Blumen und spendet uns Segen. Dieser Segen ist die fließende Perle aus dem Herzen Gottes. Wer sie in sein eigenes Herz aufnimmt, weiß, wie sehr Gott uns liebt. Wie viel ruhige »Zuverlässigkeit im Herzen aller Dinge« (Reinhold Niebuhr) wohnt. Wie viel Zuneigung und Segen zu uns fließen möchten. Und wie viel taufrische Kraft in Isaaks Worten an seinen Sohn Jakob steckte, als er ihm einst den üppigen Segen Gottes weitergab: »Gott gebe dir vom Tau des Himmels und von der Festigkeit der Erde und Korn und Wein in Fülle« (1 Mose 27,28).

Der Durst Gottes nach »aufgetauten« Herzen ist groß. Ein gnädiger Durst, der Liebe und Segen im Überfluss spenden will, wo immer es geht. In den Worten von Khalil Gibran: »Unser Gott mit seinem gnädigen Durst wird uns alle trinken, den Tautropfen und die Träne.«

Tränendes Herz

oder Das Sakrament der Tränen

*Die Auferstehungen
Deiner unsichtbaren Frühlinge
Sind in Tränen gebadet.
Der Himmel übt an dir Zerbrechen.
Du bist in der Gnade.*
NELLY SACHS

Im lichten Halbschatten neben unserer Clematislaube kann man im März, April einer zarten, kniehohen Horstpflanze fast beim Wachsen zuschauen. Das Tränende Herz erscheint, ein Mohngewächs mit gefiederten Blättern aus weichem, lichtdurchflossenem Grün. An romantisch nach unten gebogenen Trieben hängt ein Glockenspiel aus rosa Blütenherzen. Sie sind unten aufgesprungen und ein weißer Blütentropfen quillt wie eine Träne daraus hervor. Waches Hellgrün, feines Rosa, plötzliches Weiß – das Tränende Herz scheint zerbrechlich, hat aber seine wilde Herkunft und Kraft nicht vergessen. Schon die kleinen und feinen Samenkörner des Tränenden Herzens haben eine seltsam starke Natur. Sie wollen Minustemperaturen ausgesetzt werden, damit sie keimen können. Erst Kälte, Frost und Eis öffnen das warme Herz dieser Blume.

Wie für das Tränende Herz gesprochen scheint ein Satz aus der jüdischen Weisheitstradition: »Nur ein gebrochenes

Herz ist ein ganzes Herz.« Vielleicht kann man sich dieser Einsicht erst einmal so nähern: »Nur ein geöffnetes Herz ist ein ganzes Herz.« Die Offenheit eines Herzens misst sich an seiner Bereitschaft, immer wieder aufzubrechen. Ich komme dir herzlich entgegen. Ich öffne dir mein Herz. Ich bin dir herzlich zugetan. Sich täglich neu und von Herzen anderen Menschen zuwenden zu können, das ist eine Gabe der Nächstenliebe. Da geht uns das Herz auf.

Aber es gibt noch diesen schmerzlichen Ton im oben zitierten jüdischen Satz: »Nur ein gebrochenes Herz ist ein ganzes Herz.« Dieses Herz ist liebesfähig, gerade weil es den Schmerz in der Liebe erfahren hat. In diesem Herzen wohnt eine Liebe, die auch den Schmerz umspannt und das Leid. Liebe ohne Leid gibt es nicht. Liebe macht vor Schmerz nicht Halt. Auch nicht die Liebe eines Menschen zu Gott und erst recht nicht die Liebe Gottes zu einem Menschen. Es gibt wenige Menschen, die mit ihrer Liebe so im Herzen Gottes lesen können, dass sie verstehen, wie sehr Gott an seiner unerwiderten Liebe zu uns leidet. Wie er sich verzehrt vor Sehnsucht nach unserer Liebe. Wie sein Herz weint, das Herz eines unbekannten, übersehenen oder verschmähten Liebhabers. Wie offen sein tränendes Herz trotzdem für die Menschen ist. Und wie liebend gerne er uns an sein Herz ziehen möchte.

Es gibt Menschen unter uns, die so lange im Herzen Gottes lesen, bis sie seine Liebeskraft und sein Liebesleid verstehen. Die dadurch selbst offen werden für eine Dimension göttlicher Liebe, die sich wie ein brennendes Siegel auf unser Herz legt und darin für immer das Geheimnis der Liebe zwischen Gott und Mensch einschließt. Solche Menschen sagen: Jetzt erst ist die innerste Kammer meines Herzens geöffnet worden, die vorher fest versiegelt war. Von der ich bisher gar nichts wusste. Höchstens etwas ahnte. Diese innerste Herzenskammer wird, wie das Allerheiligste eines Tempels, nur

geöffnet, wenn sich ein Mensch in Gott verliebt und Gottes leidenschaftliche Liebe erwidert.

In solchen Menschen blüht etwas Heiliges auf, der Blüte des Tränenden Herzens ähnlich. Zart sind sie und leidenschaftlich und verneigen sich wissend vor dem weinenden, glücklichen Herzen Gottes. Sie gleichen den weisen Seelsorgern unter den alten Kirchenvätern, die wussten, wie man dem tränenden Herzen Gottes näher kommt. Man muss ihm ähnlich werden. Der Mönch Poimen empfahl allen Suchenden, um die Gabe der Tränen zu bitten: »Weinet! Einen anderen Weg als diesen gibt es nicht.« Weil das Weinen in der Gegenwart Gottes die Seele frei macht und heiligt, wollten die syrischen Theologen Ephräm und Simeon die »Gabe der Tränen« sogar zum Sakrament erheben lassen. Ephräms Credo lautet: »Wer noch nicht geweint hat, kennt Gott nicht.« Wer geweint hat, ist in der Gnade. Wenn das Tränende Herz blüht, versteht man, warum.

Tulpe

oder Die Spekulation Gottes

*Güte ist die einzig sichere
Kapitalanlage.*
HENRY DAVID THOREAU

Die elegante Tulpe gelangte als kostbare Rarität aus Zentralasien ins alte Persien. Nur Reiche und Mächtige konnten sie sich leisten. Sie schmückte die Gärten von Sultan Süleyman dem Prächtigen, wurde von ihm respektvoll »Blume Gottes« genannt und zur Wappenblume der osmanischen Herrscher erhoben. Mitte des 16. Jahrhunderts verbreiteten Gesandte und Händler die Tulpe in ganz Europa. Beträchtliche Summen wurden für die Pflanzenrarität bezahlt, die Gärten der reichen Oberschicht mit dem neuen Statussymbol geschmückt. Die Tulpe wurde zur begehrtesten Blume der Welt.

Besonders in Holland gaben vermögende Kaufleute Unsummen für Tulpenzwiebeln aus. 1636, im Jahr der Tulpen-Manie, wurden für eine einzige Zwiebel der raren, rot-weiß gestreiften Viridiflora-Tulpe »Semper Augustus« 30 000 Gulden gezahlt – ein holländisches Jahreseinkommen lag damals bei durchschnittlich 150 Gulden. Aus der verehrten »Blume Gottes« war ein Spekulationsobjekt geworden, das glänzende Gewinne versprach. Auch einfache Handwerker und Bauern verfielen dem Tulpenfieber, setzten ihr ganzes Vermögen aufs

Spiel und kauften ins Unermessliche steigende Schuldscheine auf Zwiebeln. Im Februar 1637 brach der Tulpenmarkt zusammen und brachte unzähligen Menschen Schulden oder totalen Ruin.

Während alle Welt auf Tulpen spekulierte – worauf spekulierte in dieser Zeit eine Tulpe? Allein darauf, sich ganz zu sich selbst zu entfalten. Der persische Mystiker Rumi beklagte sich einmal darüber, dass die meisten Menschen von dieser Art Spekulation zu wenig wissen wollen. Für einen Mystiker ist die Tulpe kein materielles Spekulationsobjekt, sondern eine Art geistliche Anlageberaterin: Sie empfiehlt uns, unsere himmlischen Anlagen zu meditieren. Spekulation geht auf »speculacion«, eine Ableitung aus dem Lateinischen, zurück, die ursprünglich nicht das kaufmännische Kalkül, sondern das »beschauliche Nachdenken« meint. Also ungefähr das, was man bei einer Meditation macht. Dabei lenkt man sein Augenmerk auf geistliche Fragen: Was sind meine wahren Reichtümer? Was macht mich unendlich kostbar? Und schließlich die »Königsfrage«: Worauf spekuliert Gott in meinem Leben?

Wenn wir die Schönheit einer Tulpe meditieren, wissen wir, worauf Gott setzt: Darauf, dass sich sein Reichtum in uns entfaltet. Der Reichtum, den Gott verleiht, will in den Menschen selbst sichtbar werden, nicht nur in den Dingen, die wir besitzen oder betreuen. Dieser innere Reichtum wird nicht von der Vergänglichkeit bedroht. Er kann ja weder verloren gehen noch im Preis verfallen. Wird er gelebt und geteilt, vermehrt er sich sogar, weil er auch andere bereichert. Ein Reichtum dieser Art trägt etwas zeitlos Schönes in sich. Er wohnt gewissermaßen nicht in der Zeit, sondern in der Gegenwart Gottes. Für diesen inneren Reichtum gilt, was der Kirchenvater Aurelius Augustinus erkannte: Gott hat allen Reichtum um sich versammelt. Nicht Güter, sondern Güte macht ihn aus. Und jeder kann davon haben, soviel er will.

»Jesus hat gelehrt: Das Wesen des Menschen ist etwas Wundervolles. Entfalte es, sei du selbst. Denke nicht, dass du durch den Besitz oder das Anhäufen äußerlicher Güter zu deiner Vollendung gelangen wirst. In dir selbst liegt es, vollendet zu werden. Erreichst du dies, dann bedarfst du des Reichtums nicht. Reichtum im landläufigen Sinne mag dir abhanden kommen, wirklicher Reichtum nie. In den Schatzkammern unserer Seele haben wir wertvolle Schätze und Kostbarkeiten, die uns niemand rauben kann. Richte dein Leben auf solche Art ein, dass Äußerliches dich nicht zu berühren vermag.« Diese Worte hat kein Kirchenvater und kein Mystiker geschrieben, sondern der berühmteste Dandy und eleganteste Vertreter der im Luxus lebenden britischen Oberschicht des 19. Jahrhunderts, Oscar Wilde. Ein brillanter Geist, spekulativ wie eine Tulpe. Rumi wie Augustinus hätten ihre Freude an ihm gehabt. 🍏

Unkraut

oder Radikale Ehrlichkeit

*Wie kahl und jämmerlich
würde manches Stück Erde aussehen,
wenn kein Unkraut darauf wüchse!*
WILHELM RAABE

Blumen sind Pflanzen, die da wachsen, wo wir wollen. Unkräuter sind Pflanzen, die da wachsen, wo sie wollen. Einfach so. Ob es uns gefällt oder nicht. Unkräuter brauchen nicht hochgepäppelt und gepflegt zu werden. Dank ihrer robusten Konstitution führen sie ein unerhört unabhängiges Eigenleben. Sie wandern von selbst ein, besetzen unser Land und denken nicht im Traum daran, sich der gestaltenden Hand des Gärtners unterzuordnen. Sie erzeugen in uns das bedrohliche Gefühl, dass sie den Garten jederzeit übernehmen könnten, bereit, ihm seine Schönheit oder seine Ertragsfähigkeit zu rauben und all unsere Mühen zunichte zu machen. Kurzum, sie stellen unsere Herrschaft in Frage.

Das erzeugt Widerstand. Viele Gärtner sehen in Ackerwinde, Giersch und Vogelmiere bösartige Anarchisten und Rebellen, denen man hemmungslos mit der chemischen Keule auf den Leib rücken muss. Der ewige Kampf der Gärtner gegen das hartnäckige Unkraut wird durch den Ärger über die Autonomie dieser Pflanzen bestimmt mehr angeheizt als durch die Sorge vor dem objektiven Schaden, den sie anrichten können.

Vermutlich sind wir auch deshalb so leidenschaftliche Unkrautzupfer, weil sich in unserem Inneren ähnliche Kämpfe abspielen. Thomas Müntzer, Luthers radikaler Weggefährte in der Reformation, stellte sich die Seele als fruchtbares Land vor, das ganz und gar aufnahmefähig für Gott sein könnte, aber leider von »Disteln und Dornen im Herzen« überwuchert ist. Dieses Unkraut sind unsere egozentrischen Einstellungen, Urteile und Wünsche. Sie überwuchern unser Seelenland, rauben ihm die Kraft und machen es unfruchtbar für die Gottesliebe.

Was also tun? Beim Unkrautzupfen muss man schon sehr genau hinschauen, um unerwünschte Wucherer von willkommenen Blumen zu unterscheiden. Die kleinen Schösslinge ähneln sich manchmal so sehr, dass viel Erfahrung nötig ist, um das Gute vom Schlechten zu unterscheiden. Wie schwierig ist das erst in der eigenen oder gar in einer fremden Seele! Thomas Müntzer wusste das wohl und riet, dass wir nicht selbst das Unkraut bekämpfen sollten (schon gar nicht bei anderen!), sondern Gott »die Dornen und Disteln ausjäten lassen, die in uns sind«.

Dazu braucht es zuerst eine gehörige Portion Ehrlichkeit vor sich selbst. Im Seelenland mit innerem Unkraut umgehen heißt: Ich weiß, wie mühsam seelische Wachstums- und Entscheidungsprozesse sind. Ich weiß, dass zwischen allerhand Gutem auch manches Ungute wächst. Und umgekehrt. Ich bin bereit, genau hinzuschauen und das eine wie das andere zu benennen. Ich bin offen für die himmlische Unterscheidung der Geister, die man braucht, um die Spreu vom Weizen zu trennen.

Irgendwann kommt der Punkt, wo diese Ehrlichkeit vor sich selbst zu einer radikalen Gotteserfahrung führen kann. Wenn Gott, der Gärtner, beginnt, unseren Lebensgarten umzugestalten. Wenn er auf einen verwahrlosten oder überwucherten oder abgeblühten Gartenteil zeigt und sagt: Hier könnte etwas Wunderbares wachsen, wenn du bereit bist, dich von all dem Unkraut zu trennen, das hier deine Seele überzieht und sie ersticken könnte. Trenn dich davon, hab keine Angst, wenn ich es bei den Wurzeln packe und herausziehe ...

Einen solchen radikalen Reinigungsprozess der Seele kann man erst in reifem, erwachsenem Zustand vertragen. Er gehört lebensgeschichtlich in die intensive Umbruchphase der Lebensmitte. Dann ist es auch ein Selbsterkenntnisprozess, der den guten Kräften der eigenen Seele Licht und Luft verschafft und dafür sorgt, dass Gutes aus unserem Leben wächst. Radikale Ehrlichkeit weiß aber auch, dass immer irgendwo in der menschlichen Seele neues Unkraut nachwächst. Überheblichkeit ist also nicht am Platz, wohl aber Zuversicht. Denn auch in der Seele ist Unkraut ein »Bodenanzeiger«, der ihn aufschließen kann für nachfolgende Kulturen. Radikale Ehrlichkeit spricht also kein vernichtendes Urteil. Sie schaut milde und freundlich auf alle Pflanzen im Seelenland – auch auf die Dornen und Disteln. Denn letztlich sind sie nur Platzhalter für Gottes künftige Blumenbeete.

Vergissmeinnicht

oder Der Teppich der Barmherzigkeit

Dir zu sagen:
wir sind noch da, wir Blumen alle,
und mit uns Blumen
die ganze Welt des Schwerelosen,
die es – Teppich der Barmherzigkeit –
über der dunklen Erde gibt.
Wir sind noch da.
ALBRECHT GOES

Anfang Mai verwandelt bei mir im Garten eine Großfamilie Vergissmeinnicht das Beet unter der Robinie in einen blauen Blumensee, in dem sich der heitere Frühlingshimmel spiegelt. Vor Jahren hat mir meine Nachbarin ein paar Pflänzchen Vergissmeinnicht geschenkt, seitdem sät es sich von selbst bei mir aus. Das Vergissmeinnicht ist eine kleine Schönheit in Himmelblau, die mich mit Sternchenaugen aus Gold anlächelt. Einer alten deutschen Sage nach konnte ein Vergissmeinnicht in der Hand sogar helfen, einen verborgenen Schatz zu finden. Wenn man aber das Vergissmeinnicht achtlos fallen ließ, um nach Gold oder Edelsteinen zu greifen, so rief eine Stimme klagend: »Vergiss das Beste nicht!«, und der Zauber war gebrochen, der Schatz verschwunden.

Das Vergissmeinnicht erinnert mich an das Beste: an alle Menschen, denen ich verbunden bin, die mich lieben und begleiten, mir raten und helfen, mich trösten und mit mir feiern. Jeder von ihnen ist auf seine Weise ein Goldstück, ein Schatz, den ich nicht vergessen will. Nicht nur Lebende, auch Tote aus dem »Reich des Schwerelosen« gehören dazu: meine Eltern, Schwiegereltern und Großeltern; Dichter und Denker; Männer und Frauen aus der Bibel; und vor allem die Mystiker aller Religionen. Sie wussten viel vom Nicht-Vergessen. Für sie war Gott das Beste, das wir so oft vergessen, obwohl wir ihm alles verdanken. Und so übten sie sich darin, sich möglichst ununterbrochen in ihrem Herzen an Gott zu erinnern.

Das führte sie zu einer wunderbaren Erfahrung, die der katalanische Mystiker Ramon Llull so ausdrückte: »Wer wahrhaft meines Geliebten (Gott) gedenkt, vergisst im Gedenken an ihn alles.« Nur wer von allem anderen absehen kann, wird das Wichtigste, Gott, nicht vergessen. Das ist keine Lieblosigkeit anderen Menschen gegenüber, sondern genau das Gegenteil: tiefe Verbundenheit mit allen. Denn ein Mystiker erfährt dabei ein Paradox: In Gott sind alle anderen wieder gegenwärtig und unvergessen, in versöhnter, gesteigerter Weise erinnert und präsent. Persönliche Sympathie oder Antipathie spielt hier keine Rolle mehr. Der andere Mensch wird ganz in Gottes Gegenwart gestellt und so von all meinen Wünschen oder Ansprüchen an ihn befreit. Ich sehe ihn mit den Augen Gottes, die ohne jede Forderung, in reinem Wohlgefallen auf ihm ruhen. So öffnen sich auch die »Augen meiner Augen«, wie der Poet Elijah E. Cummings es nannte. Aus dem wahren »Vergessen des anderen in Gott« strömt pure Zuneigung und reine Liebe. Diese Form des Vergessens ist eine hohe spirituelle Tugend, eine wundervolle Übung der Barmherzigkeit, an die mich ein Teppich aus kleinen blauen Blumen in meinem Garten erinnert.

Beweis mir deine Liebe. Wie? Indem du mich ganz in Gott vergisst. 🍃

Wachsen lassen

oder Die Geste des Wartens

*Die Geste des Pflanzens ist,
wie die Alten wussten, wir aber vergaßen,
die Ouvertüre zur Geste des Wartens.*
VILÉM FLUSSER

Vor kurzem fand ich in einer Gartenzeitschrift einen Artikel mit der Überschrift: Ein Garten für Ungeduldige. Lauter schnell wachsende Pflanzen wie Kapuzinerkresse, Tagetes oder Bohnen wurden vorgestellt und als ideale Pflanzen für ungeduldige Hobbygärtner gepriesen. Natürlich macht es jedem Gärtnerherzen Freude, wenn man einer Pflanze gleichsam beim Wachsen zuschauen kann. Trotzdem will kein Gärtner auf die eine oder andere Pflanze verzichten, bloß weil sie im Schneckentempo wächst oder erst nach vielen Jahren Früchte trägt. Gerade die Langsamen im Pflanzenreich machen oft das Kostbare eines Gartens aus, nicht nur im materiellen Sinn. Hinter ihnen steht der Geist gärtnerischer Weitsicht, eines langen Atems und der Geduld. All das braucht man, wenn der wunderschöne Moment des Einpflanzens vorbei ist, die Pflanze ihren Ort im Garten gefunden hat.

Wenn die Geste des Pflanzens, die Ouvertüre, vorbei ist, beginnt die Geste des Wartens. Weil das im Garten jahrelang dauern kann, ist es gut zu wissen, worin die »Geste des Wartens« eigentlich besteht. Der eigentliche Akt dieser Geste ist die Transformation des Wartens in Geduld. Warten und Geduld üben sind keineswegs das Gleiche. Jeder kennt die Ungeduld, die im Warten lauert, die unruhig, nervös, ärgerlich oder ängstlich machen kann. Wirkliche Geduld ist nicht emotionsgeladen, sondern gelassen. Sie verzichtet auf Beschleunigungsmittel, sie weiß, dass alles seine Zeit braucht.

Geduld ist bekanntlich eine Tugend, die viel Geduld erfordert. Geduld kann man nur *üben,* niemals haben. Der wirklich Geduldige, so hat es der katholische Theologe Karl Rahner einmal formuliert, ist mit seiner Ungeduld geduldig. Dazu gehört, dass man letztlich »gelassen und fast heiter auf ein letztes Einverständnis mit sich selbst verzichtet«. Es bleibt um der Gelassenheit willen ein letzter Rest von Ungeduld, der immer wieder zur praktischen Geduld einlädt. Geduld ist also das genaue Gegenteil von Trägheit oder Passivität. Sie ist aktiv in doppelter Hinsicht: Wirkliche Geduld entspringt nur einem Herzen, das klar und nüchtern in der Gegenwart wurzelt und gleichzeitig zuversichtlich in die Zukunft schaut.

Ein Gärtner kann geduldig auf das künftige Wachsen und Reifen seiner Pflanzen warten, wenn er sich täglich mit Sorgfalt um seine Pflanzen kümmert. Zum anderen ist Geduld das Zeichen eines Herzens, das sich ständig aktiv darum bemüht, sich ganz auf Gott zu verlassen. Jeden Augenblick neu. Auch darin muss sich ein Gärtner üben. Er kann das Wetter nicht machen, in dem seine Blumen oder Beeren aufwachsen. Aber er kann auf die innere Kraft der Pflanzen vertrauen, die einer geheimnisvollen inneren Matrix der Reifung folgen und irgendwann am Ziel ihres Wachstumsprozesses anlangen.

Wer so die »Geste des Wartens« übt, wird auch die wahre Frucht der Geduld ernten können: die Freude darüber, dass etwas in Ruhe und ohne Druck wachsen konnte und genau zum richtigen Zeitpunkt reif war. »Gelassene Freude« nannte die englische Schriftstellerin und Gartenqueen Vita Sackville-

West diese Erfahrung. Ein gelassener Gärtner wird in sich auch ein heiliges Staunen darüber wahrnehmen, dass es ihm gewährt wurde, einen Augenblick natürlicher Vollendung als Bild für seine Seele zu ernten. Eine solche Erfahrung stärkt und erhebt die Seele. Noch mehr: In ihr steckt wiederum Zukunft.

Und so beginnt der gelassene Gärtner einen neuen Zyklus des Säens oder Pflanzens, damit etwas Neues wachsen kann. Und fügt geduldig das Seine dazu, im Vertrauen, dass Gott den großen Rest übernimmt. Der Geduldige hat im Hier und Heute Zeit, weil er für die Zukunft pflanzt. Mit einer solchen Gelassenheit kommt man dem Sinn des Lebens sehr nahe.

Ein schönes Bild dafür hat Nelson Henderson gefunden: »Der wahre Sinn des Lebens besteht darin, Bäume zu pflanzen, unter deren Schatten man wahrscheinlich nie sitzen wird.«

Wasser

oder Strömungsmuster der Seele

*Die Quelle spendet unaufhörlich Wasser.
Weder die Quelle noch das Wasser werden je
versiegen – weswegen also klagen? Deine Seele ist
eine Quelle: Fluss um Fluss strömt aus ihr hervor.
Verbanne endgültig alle Trauer aus deinem Herzen
und trinke immer weiter von dem Wasser.
Hab keine Angst. Das Wasser ist unerschöpflich.*
Dschelaleddin Rumi

Es ist merkwürdig: Ein Garten kann in kunstvollen Pflanzenarrangements angelegt sein und mit den prächtigsten Beeten und Rabatten glänzen – es gibt trotzdem etwas, das seine Schönheit steigern und ihn noch paradiesischer machen kann. Es ist das Wasser. Wo es nicht nur aus einem Wasserhahn fließt, sondern als Gartenteich, Wasserbecken oder Brunnen sichtbar wird, zieht es uns magisch an. Wir lieben das Gluckern, Plätschern und Rauschen von fließendem Wasser, das uns zugleich beruhigt und anregt. Wir träumen angesichts einer spiegelglatten Wasserfläche, die das tiefgründige Blau des Wassers mit Wolkenweiß, Himmelblau und goldenen Lichtreflexen mischt und in ein lebendiges Aquarell, ein transparentes Meditationsbild verwandelt.

Für uns, die wir selbst fast nur aus Wasser bestehen, ist Wasser das uns nächste spirituelle Medium, ein faszinieren-

des Sakrament für die Feier des Lebens. Es kann uns beim Eintauchen ganz aufnehmen und zugleich können wir es beim Trinken ganz in uns aufnehmen. Darum ist das »Wasser des Lebens« ein Bild für Gott, in den wir uns ganz versenken können und der zugleich ganz in unser Herz sinken kann. Jesus hat dieses völlige Eintauchen in die Liebe Gottes bei seiner Taufe im Jordan erlebt. Umgekehrt öffnete seine Hingabe die »Schleusen des Himmels« und die Liebe Gottes floss und strömte in ihn hinein.

Deshalb sagen die Mystiker: Nicht nur wir suchen das Wasser, auch das Wasser sucht uns. Es sucht uns, um in uns lebendiges Wasser zu werden und uns zu einer sprudelnden Quelle zu machen. Die spanische Mystikerin Teresa von Avila setzt dieses »lebendige Wasser« mit den Wonnen Gottes gleich. »Das himmlische Wasser quillt unmittelbar und friedlich vom Ort der göttlichen Quelle hervor und steigt mit größter Ruhe und Sanftheit aus dem tiefsten Inneren unseres eigenen Wesens empor ...«

Teresas Erfahrung ist, dass das himmlische Wasser dieser Quelle, wenn es der Tiefe unseres Wesens entspringt, unser ganzes Inneres ausweitet. »Es bringt vielerlei Güter hervor, die sich nicht nennen lassen.« Dieses Wasser läuft an seinem göttlichen Ursprung über und flutet in uns hinein. Nicht nur wir sind durstig nach Gnade, die Gnade dürstet auch unentwegt nach uns. Dabei durchströmt sie alle Seelenkräfte und fließt dann wieder bei uns über, aus dem Herzen heraus in unsere Worte und Gesten und Taten. Teresa betont, dass dies unentwegt in Gott beginnt und zu uns läuft und niemals endet. Der ganze äußere Mensch genießt dabei ein wundersames Wohlgefühl und Sanftheit. Er ist selbst zu einem murmelnden Brunnen, einer Quelle lebendigen Wassers geworden. Einer, der vom Überfluss Gottes lebt und reichlich weitergeben kann, ohne sich zu erschöpfen.

Denn gratia, die anmutige Gnade Gottes, fließt gratis, wie es im letzten Buch der Bibel (Offenbarung 22,17) heißt: »Und wer da will, der nehme das Wasser des Lebens umsonst.«

Weg

oder Die mystische Mobilmachung

Dein tiefstes Wesen weiß den Weg …
FRANZ WERFEL

Verwilderte, verlassene Gärten regen die Fantasie in doppelter Weise an. Sie wecken in uns traumhafte Zukunftsbilder: Was könnte man nicht alles aus diesem Fleckchen Erde machen! Wie hübsch könnte es hier in ein paar Jahren aussehen! Es ist, als eile man einen Weg weit voraus zu einem künftigen Garten, der nur darauf wartet, sich mit unserer Hilfe realisieren zu können.

Zugleich erscheinen vor unserem inneren Auge auch längst vergangene Zeiten. Wie sah der Garten aus, als er zum ersten Mal blühte? Wer hat ihn gepflegt und sich ihm mit Liebe gewidmet? Warum ist dieser Mensch nicht mehr da? Während der Garten leise seine Geschichte erzählt, ist es, als gehe man einen langen Weg zurück. Einen Weg, der in die Tiefe führt und ursprünglichen Sinn und Zusammenhänge klarmacht. Und den ich wieder für mich entdecken kann.

Weite und Tiefe gehören zu einem guten Weg. Vielleicht war es deshalb bei uns im Garten so spannend, die alten zugewachsenen Wege wieder freizulegen. Unter den tief herabhängenden Zweigen von wild wuchernden Sträuchern träumten schwere rotbraune Sandsteinplatten mit einer ehrwürdigen Patina aus Moos und Flechten vor sich hin. Andere waren ganz unter einer dicken Schicht Humus verschwunden. Ich musste sie wie ein Schatzgräber aufspüren und ans Licht heben.

Die alten Hüter des Weges tauchten mit einer Gelassenheit wieder auf, die mich erstaunte. Sie waren jahrelang verschüttet gewesen, aber sie hatten nichts vergessen. Jede Platte war immer noch so sehr Teil eines Weges, dass sie sofort bereit war, auf die nächste zu verweisen und mich den nächsten Schritt zu lehren. Hier kannst du es versuchen, hier geht es weiter, hier verläuft der Weg. Ich spürte die Kraft des Weges und seinen Wunsch, mich zu leiten. Der Weg wuchs mir entgegen, lief mir aber zugleich immer ein Stück voraus.

Das wurde mir zu einem Bild für den mystischen Weg, der, halb sichtbar, halb unsichtbar, immer da ist – aber trotzdem von jedem Einzelnen erst entdeckt werden will. Folgt man der mystischen Mobilmachung, dann eröffnet sie großartige Wachstumschancen. Der katalanische Mystiker Ramon Llull nannte den mystischen Weg darum auch Via vegetativa: »Auf den Wegen des Wachstums wandert ein Gottesfreund, wenn er auf der Suche nach Gott, seinem Geliebten, ist.« Der vegetative Weg gehört zur »Kunst des Liebens«, die sich die Weite und Tiefe zu erobern vermag und auch vor schwierigen Wegstrecken nicht zurückschreckt: »Je enger die Wege sind, auf denen der Gottesfreund zu seinem Geliebten wandert, umso weiter wird sein Lieben.«

Ramon Llull nennt vier Aspekte, die zum vegetativen Weg der Liebe gehören: das Gefühl, die Imagination, den Verstand und den Willen. Er überlässt es jedem selbst, sich darunter etwas vorzustellen. Mir fiel dazu Folgendes ein: Zunächst braucht man Klarheit über die eigenen Gefühle. Trügerische Gefühle können einen vom Weg abbringen. Seinem innersten Gefühl in Wahrhaftigkeit folgen, erschließt den eigenen Weg. Zum mystischen Weg gehört auch die Gabe der Imagination. Der Weg öffnet mich für das Wunderbare. Meine

Vorstellungskraft von Gottes Möglichkeiten wächst. Vision und Prophetie gehören als Wegweiser und Korrektiv dazu. Auch der Verstand wird unterwegs wacher: Die Anforderungen des Weges und die Zielsetzung schärfen Einsicht und Weisheit. Und schließlich gibt es noch den Willen: Die Durchhaltekräfte werden mobilisiert und trainiert. Der mystische Weg fördert die geistliche Disziplin.

Auf dem Weg des Wachstums ist man, wenn man spürt: Etwas in mir will nicht verharren und sitzen bleiben. Da ist eine Kraft, die beständig in den eigenen Weg strömen will, ein unaufhörliches Fließen in eine unsichtbare Richtung. Dieser Weg ist eine gesicherte innere Dimension, die vorerst vielleicht nur unsere Seele, nicht unser Bewusstsein versteht. Erkennbar ist der Weg daran, dass er selbst die Kraft mobilisiert, die man für ihn braucht. Er gleicht dem Heimkehrvermögen der Zugvögel, die losziehen und darauf vertrauen: »Dein tiefstes Wesen weiß den Weg ...«

Werkzeug

oder Die verborgene Ganzheit

*Liebe nimmt das gegenseitige
Dazugehören ernst.
Liebe kümmert sich – sogar um Dinge.*
DAVID STEINDL-RAST

In meinem Bücherschrank horte ich einige prächtige Bildbände über englische Gartenkunst. Sie überbieten sich gegenseitig mit doppelseitigen Hochglanzaufnahmen traumhafter Gartenkompositionen. Die besten unter ihnen liefern sorgfältig aquarellierte Pflanzschemata mit. Aber nur ein einziger Band, Tony Lords Buch über Vita Sackville-Wests berühmten Garten Sissinghurst, widmet sich in einem eigenen Kapitel den eigentlichen Gartenkünstlern »Hinter den Kulissen«. Dort finden sich meine beiden liebsten Fotos des Buches: Auf dem einen sieht man sechs strahlende Gärtnerinnen und Gärtner mit Walzenmäher, Kantenschneider, Heckenschere, Düngerstreuer, Aufsitzmäher, Vertikutierer und Aerifizierer. Das andere Bild zeigt das Innere des Geräteschuppens, ein leises Stillleben nützlicher Werkzeuge und Dinge, die auf ihren Einsatz warten: Schubkarre, Gartenleitern, Besen, Eimer, Plastiksäcke, Spankörbe, Erdschäufelchen, Klappsägen, Astschneider, Messer, Rasentrimmer, Namensschildchen, Schnüre und zum Trocknen aufgehängte Jutematten. Alle diese Werkzeuge umgibt eine Aura der Sorgfalt und Präsenz, die von einer sachlichen Achtsamkeit der Gärtner bei ihrer alltäglichen Arbeit zeugt.

Ein guter Gärtner liebt und pflegt seine Werkzeuge. Sie sind seine unersetzlichen Gefährten, treuen Verbündeten und zuverlässigen Helfer. Ein spiritueller Gärtner liebt und pflegt *und heiligt* seine Werkzeuge. Er segnet sie, wenn er sie in die Hand nimmt und sich ans Werk macht. Das transformiert seine Arbeit und verbindet ihn mit benediktinischer Weisheit. Benediktiner sehen in sämtlichen Alltagsgegenständen heilige Gerätschaften, die man von Gott geliehen bekommt, um einen Dienst damit auszuüben. Darum wird auch ein schlichter Krug mit der gleichen Sorgfalt gepflegt wie ein Altargefäß. Kontemplatives Denken macht keinen Unterschied mehr zwischen heilig und profan. Kontemplatives Denken erfasst die heilige Sachlichkeit der Dinge. Der amerikanische Mystikermönch Thomas Merton würdigte in seinen Kontemplationen ausdrücklich seine Schreibtischlampe, seine Schreibmaschine, sogar das Geschirr im Spülbecken. Er entdeckte in all diesen Dingen »the hidden wholeness«, die verborgene Ganzheit. Im bewussten Anschauen und Handhaben eines Alltagsgegenstandes öffnet sich das Fenster zur Ganzheit. Damit werden die materiellen Dinge zu »sacramenta«, Symbolen, in denen sich offenbart, dass alles letztlich zu Gott gehört.

Eine leise Ahnung davon haben wir noch, wenn wir sagen, dass unser Garten oder unsere Werkzeuge uns gehören. Dummerweise meinen wir damit aber meistens nur ein einseitiges Besitzverhältnis. Angemessener wäre es dagegen zu sagen, dass solche Dinge wie Rechen, Astschere oder Gießkanne Angehörige eines Gartens sind – genau wie wir auch. Und dass uns der Garten nicht gehört, wohl aber Zugehörigkeit schenkt zur Schöpfung. Zusammengehörigkeit ist das geheimnisvolle Ursakrament, zu dem wir alle berufen sind. Jedes Werkzeug bietet uns mit seinem liebevollen Dienst an, uns an die verborgene Ganzheit, das gegenseitige Dazugehören zu erinnern. Wer als Gärtner in das Bewusstsein der Zusammengehörigkeit hineinwächst, kümmert sich genauso liebevoll um sein Werkzeug wie um seine Pflanzen. Und erlebt zugleich die Gartenarbeit oder gar sich selbst als Werkzeug der göttlichen Gnade. 🌱

Wind

oder Die Farbe der Erneuerung

Preist den Wind!
Gott gab dem Winde
oberhalb der Erdenrinde
alles in sein Eigentum …
WERNER BERGENGRUEN

»Was ist die Farbe des Windes?«, lautet ein Koan aus dem Zen. Für mich ist die Farbe des Windes zartgrün. So wie die winzigen hellgrünen Keimblätter all der unbekannten Pflänzchen, Gräser und Blumen, die der Wind als Samen in meinen Garten getragen hat und die nach dem Willen des Windes nun hier wachsen sollen. Sie sind nicht nach und nach über die Grenze gewandert wie die anderen Pflanzennomaden, die von den Rändern der Nachbargrundstücke zu mir herübergezogen kommen.

Diese Findelkinder der Natur, die der Wind mir in die Beete gelegt hat, sind von ihrem Wesen her wie Erinnerungszeichen oder Rätselaufgaben, die ich zu lösen habe. Plötzlich ist inmitten von allem Bekannten, selbst Gepflanzten und liebevoll Gehegten etwas Fremdes da und beansprucht Raum für sich. Ungerufen will es da bleiben, sich ausbreiten und angeschaut werden. Der Wind ist ein unruhiger Geist, der gerne Geordnetes durchbricht. Er dient dem schöpferischen Chaos mit Witz und geistvollen Bezügen. Der Wind weht nicht nur, wo er will, er weht auch hin, was er will. In die kleinste Ritze zwischen zwei Steinplatten, in eine dicht bepflanzte Rabatte trägt er seine Botschaften und lässt sie dort wachsen.

Es fällt mir nicht immer leicht, das zuzulassen. Es durchbricht mein Bild und mein Konzept von diesem Teil meines Gartens. Manchmal dauert es Wochen, bis ich den Fremdling bestimmen und beim Namen nennen kann. Und manchmal geht mir dabei ein Licht auf und ich kann endlich die verwehten Botschaften des Windes an mich verstehen.

Ich weiß noch, wie ich in einem Sommer voller beruflicher Anspannung darauf fixiert war, mich über veraltete Strukturen an meinem Arbeitsplatz zu ärgern, die ich gerne verändert hätte. Ich brannte vor Ungeduld darauf, etwas reformieren zu können, konnte wohl aber gerade deshalb nichts erreichen. Während ich mich in meinem Büro ärgerte, schossen in meinem Garten unzählige schnellwüchsige hohe Halme mit lanzenartigen Blättern empor und brachten schließlich anmutige zartrosa Blüten hervor. Der Wind hatte mir das drüsentragende indische Springkraut zugetragen, das im Englischen »Impatiens«, Ungeduld, heißt und mich auf heilsame Weise daran erinnerte, mit Geduld wieder zu mehr innerer Ruhe zurückzukehren.

Ich erinnere mich auch noch an die hohe Königskerze, deren Samenkorn der Wind zwischen die Steinfugen direkt vor meiner Terrassentür gezwängt hatte. Wochenlang hatte ich unter Rückenschmerzen gelitten und deshalb wenig im Garten gearbeitet. So konnte das wollige Bündel aus silbergrauen weich behaarten Blättern erst einmal bleiben. Nach und nach richtete sich dann aus der salbeigrünen Mitte eine wunderschöne gelbe Blütenkerze auf. Der Wind hatte mir ein wohltuendes Meditationsbild für das langsame innere Aufrichten geschenkt. Und in seiner unergründlichen Weisheit monatelang vorher als Samen vor meiner Schwelle deponiert.

Ich staunte über diese geistvolle Kreativität Gottes, die so gewaltlos meine Nähe gesucht hatte und inspirierend mit den rekreativen Möglichkeiten der Natur zusammengearbeitet hatte.

Der Wind ist wie der Geist Gottes ein Meister der ständigen Erneuerung und Belebung, der bewegen und fördern will, wo er nur kann. Wie der Geist Gottes ist er in der Welt, aber nicht von ihr abhängig; wie der Geist Gottes ist er aber liebevoll mit ihr verbunden – in Mitgefühl und Freiheit. Die Farbe des Windes ist einleuchtend, wie die des Heiligen Geistes. 🌱

Wolken

oder Nichtwissen, Bejahen, Bezeugen

Den Wolken wird vielleicht einstmals eine besondere Verehrung gezollt werden; als der einzigen sichtbaren Schranke, die den Menschen vom unendlichen Raum trennt, als dem gnädigen Vorhang vor der offenen vierten Wand unserer Erdenbühne.
CHRISTIAN MORGENSTERN

Wolken sind seltsam flüchtige Geschöpfe. Ihre Form gewinnen sie durch die Preisgabe einer festen Form. So, als seien sie nur für den da, der sie jetzt gerade sieht. Auch wenn sie als mächtige Schiffe voll gepumpt mit erhabener Ruhe scheinbar für immer am Himmel ankern und ihre runden, weichen Bäuche die Fülle einer barocken Deckenmalerei haben, so sind sie doch flüchtiger als ein Blatt und vergänglich wie der Augenblick selbst. Wolken sind sichtbar gewordene Augenblicke. Darum kann man ja auch, wie Goethe es liebte, stundenlang mit den Augen in den Wolkenbildern spazieren gehen. Man kann ganze Erdteile entdecken und die merkwürdigsten Tiere, lustig zerfließende Gesichter, flügelschlagende Drachen oder seltsam jagende Gebäude. Man kann Wolken die verrücktesten Namen geben und wird doch nie Herr all dieser dahinschwebenden Zauberwesen.

Je länger man bei ihnen verweilt, desto mehr offenbart sich das Bleibende hinter dem Flüchtigen und man beginnt, jenseits des Sehens das Schauen einzuüben: Das, was ist, ist und ist nicht. Das, was sich zeigt, ist es selbst und ist es nicht. Das, was ich erkenne, ist Illusion und ist es nicht ... Irgendwann berührt man dann die *Wolke des Nichtwissens*: Der Augenblick ist gekommen, um hinter den Illusionen die Wirklichkeit zu erkennen und frei zu sein. Nicht *über* den Wolken »muss die Freiheit wohl grenzenlos sein«, sondern *in* den Wolken selbst ist die Freiheit. Dort fließt sie in tausend Bildern des Nichtwissens, immer offen für den Geist, der weht, wo er will.

Die Wolke des Nichtwissens schreibt mit fließender Schrift den Namen einer freundlichen Schwester auf den Himmelsgrund: *Wolke der Bejahung*. So las Hermann Hesse das Wolkenzeichen. Ihre Botschaft ist klar: Das Universum steht auf deiner Seite. Sein Wohlwollen umhüllt dich. Es findet Wohlgefallen an dir! Die *Wolke der Bejahung* schüttet einen warmen Regen der Verbundenheit über uns aus. Jeder Tropfen ist pure Zustimmung, prallvoll mit Zuneigung. Wo er einsickert, wächst eine allumfassende Zugehörigkeit im Herzen. Wenn Pflanzen ein seelisches Bewusstsein haben, dann haben sie diese Gewissheit in ihrem Inneren gespeichert. Man sieht es an der Art und Weise, wie sie gemeinsam im Regen stehen, immer einander zugeneigt.

Und schließlich entdeckt man in der Wolkendecke noch eine dritte Schwester, die *Wolke der Zeugen*. Das ist die Wolke mit dem längsten Atem und einer großartigen Zuversicht bei allem erlittenen Kummer. Die Wolke der Zeugen umhüllt mit Trost und Geborgenheit: Wie bruchstückhaft, grau, verwaschen oder verweht mein Leben auch sein mag, sie nimmt mich auf in eine größere Gemeinschaft. In dieser gnädigen Wolke bin ich wie alle Unfertigen gut aufgehoben und mit einer seltenen Leichtigkeit kann ich durch alles Misslungene und Verlorene hindurch auf das schauen, was wirklich mein ist. Auch wenn es nur für einen winzigen Augenblick ist, so zeugt er doch von mir. Bis sich die nächste Wolke – lächelnd – darüber schiebt: Herz, vergiss! 🍏

Wurzeln

oder Nach unten wachsen

Die Menschen schauen immer von Gott fort.
Sie suchen ihn im Licht, das immer
kälter und schärfer wird, oben. –
Und Gott wartet anderswo – wartet –
ganz am Grund von Allem.
Tief. Wo die Wurzeln sind.
Wo es warm ist und dunkel.
RAINER MARIA RILKE

In meinen Gärten habe ich gelernt, mich an den vielfältigen Blattformen zu erfreuen, die Schönheit der Blüten zu lieben und den Reichtum der Früchte zu schätzen. Aber Ehrfurcht hat mich etwas Anderes gelehrt – das Reich der Wurzeln.

Die Wurzeln der Pflanzen sind wundervolle Speicher der Kraft. Durch sie gelangen die Energien von Mutter Erde in die Pflanze. Ich erinnere mich an eine Erzählung aus meiner Kindheit, in der eine arme Mutter ihrer Tochter statt einer teuren Puppe nur ein Wurzelpüppchen schenken konnte, dem aber bald die ganze Liebe dieses kleinen Mädchens galt. In der Wurzel steckte noch der Geist des Baumes, der seine Lebenskraft zum Schutz des Kindes nutzte und es Fürsorglichkeit und Weisheit im Umgang mit der Natur lehrte.

Diese Geschichte liebe ich noch heute, denn sie enthält das

Wissen darum, wie wichtig es ist, das Leben buchstäblich aus den Wurzeln zu lernen. Die Wurzeln sind nicht nur der Energiespeicher einer Pflanze, sie bilden auch ihr Gedächtnis. Alles, was in der Erde verwurzelt ist, hat Teil an einem großen gemeinsamen Sein. Wurzeln sind Erinnerungsströme des Daseins, die in einem großen Delta aus Verbundenheit zusammenfließen. Allgefühl nannte der Dichter William Wordsworth diesen unsichtbaren, tragenden Bewusstseinsstrom.

Die mit dem Unterirdischen und Unsichtbaren so vertrauten Wurzeln erfüllen also auch eine spirituelle Aufgabe. Sie zeigen uns, wie wichtig es ist, in das Unsichtbare hineinzuwachsen. Wir müssen es uns bewahren, damit es uns nicht entschwinden kann und wir die Einsamkeit der ihrer Tiefe beraubten sichtbaren Dinge erleiden müssen. Ein weiser Satz aus dem Zen lautet: Die Blume muss wieder zur Wurzel zurückkehren. In den dunklen Gründen zwischen unseren Wurzeln ist alles zu finden, was unsere Seele über sich wissen muss. »Du kleine Blume – doch wenn ich verstehen könnte, was du bist, Wurzel und alles andere und alles insgesamt, wüsste ich, was Gott ist«, sagte Alfred Lord Tennyson.

Spirituelle Erkenntnis ist kein Höhenflug. Sie kommt von unten, nicht von oben. Deshalb versucht eine Seele immer von sich aus, in die eigene Tiefe vorzudringen, wenn man sie nur lässt. Es gibt noch ein anderes, paradoxes Bild aus der jüdisch-christlichen Mystik: Die eigenen Wurzeln wachsen lassen bedeutet, das Leben rückwärts zu lesen, von seinen geheimnisvollen Ursprüngen her. Denn vor der Geburt haben wir unsere eigentlichen Wurzeln im Himmel. Dort ist unsere Heimat. In den Monaten vor unserer Geburt wachsen wir dann langsam zur Erde hinunter. Dieser Abstieg kann strapaziös sein; es widerstrebt der Seele, hinabzusteigen und sich auf die Nöte dieser Welt einzulassen. Auch nach unserer

Geburt sollte dieser Prozess weitergehen. Sich wirklich im Urgrund des Lebens zu verwurzeln bedeutet, das Dunkle, Niedrige, Leidende, Vergängliche im Leben verstehen und lieben zu lernen.

Aber nicht jeder Seele gelingt das so leicht. Das Gefühl von Heimatlosigkeit und Entwurzelung quält sie. Abstürze und Einbrüche in der Lebensbahn sind missglückte Versuche, ruhig und stetig nach unten zu wachsen. Je entwurzelter wir Menschen uns fühlen, desto mehr sehnen wir uns nach unseren Wurzeln, die wir »hinter den Dingen« bei Gott haben. Dort, wo es »ganz warm und dunkel wird und wir in die Wärme alles Werdens hinabreichen …« (Rainer Maria Rilke). Manche Heiligen haben uns das vorgelebt. In ihrem Leben konnte der Geist vollständig nach unten wachsen und sich als Seelengröße offenbaren: Ganz unten, im zutiefst Menschlichen, sind Demut, Barmherzigkeit und Mitgefühl verwurzelt.

Unsere Seele braucht ein gutes, heilsames Vorbild dafür, wie sie sicher nach unten wachsen und in die Herzenswärme des Erdbodens eintauchen kann. Das christliche Bild dafür ist die Niederkunft des Himmels. Wir feiern es jedes Jahr an Weihnachten. Gott kommt als Mensch zur Welt, er wächst nach unten und uns entgegen. Die Botschaft der Engel, die über dem Stall ihren Lobgesang anstimmen, heißt: Auch du kannst ganz zur Welt kommen, ohne dabei zu vergessen, wo du deine Wurzeln hast – im Himmel! Weihnachten ist das Fest der Tiefe, das der Himmel mit uns Menschen feiert: Seht nur, so tief hinab ist Gott gewachsen!

Zaun

oder Das Geschenk der Grenze

*Die Zelle ist mein Garten,
durchschimmert vom ewigen Licht.*
IRISCHES GEBET, 9. JAHRHUNDERT

Mein erster eigener Garten war auf drei Seiten mit Zaun und Hecken von den drei Nachbargrundstücken abgegrenzt. Er war uneinsehbar und wie ein intimes grünes Zimmer, in dem man sich frei und geborgen zugleich fühlen konnte. Einmal im Jahr, beim Heckeschneiden, stand ich auf der Leiter und sah etwas von der mir sonst verborgenen »fremden« Welt in Nachbars Gärten. Um meinen jetzigen Garten führt ein Fußgängerweg herum. Seine Grenzen sind wesentlich durchlässiger und es erstaunt mich immer wieder, wie kommunikativ Grenzen sein können. Fast jeder, der da vorbeikommt, schaut ein bisschen über den Zaun. Manchmal grüßt man, manchmal plaudert man ein wenig.

Über Grundstücksgrenzen wird bei uns hierzulande heftig gestritten, auch vor Gericht. Es ist offensichtlich schwer, mit Grenzen umzugehen, besonders wenn die lebenslustige Natur sich in Form von Unkraut, hohen Bäumen, sperrigen Zweigen, Fallobst oder Bergen von Herbstlaub keinen Deut um irgendwelche Begrenzungen schert. Umso mehr kommt es wohl darauf an, dass wir Nachbarn untereinander die Grenze achten. Damit erweisen wir uns gegenseitig Respekt. Die

Grundstücksgrenze ist eine Regelung des Menschen, Vögel zum Beispiel sehen sie nicht. Unsere verdichtete Kultur lebt davon, dass wir von uns aus Abstand wahren, uns um des anderen willen zurücknehmen. Selbst auf die richtige Wahl unserer Grenzen achten und fein damit umgehen können, das ist Freiheit.

Mit jeder Grenze schließen wir ja nicht nur etwas ein, sondern immer auch etwas aus. Sie setzt Einfühlungsvermögen für die Situation des anderen voraus und die Fähigkeit, mich um des anderen willen zurücknehmen zu können. Grenzenlosigkeit ist häufig mit Egoismus verbunden. Ich kann nicht Halt machen mit mir, mit meinen Wünschen, meiner Kontrollsucht, meiner Liebe, meinem Haß. Eine solche Grenzenlosigkeit ist nur schlecht getarnte Maßlosigkeit und Rücksichtslosigkeit. Dabei ist, wie der Theologe Dietrich Bonhoeffer klug erkannt hat, »der andere Mensch die mir von Gott gesetzte Grenze, die ich liebe und die ich um meiner Liebe willen nicht überschreiten werde«. So verstanden ist die Grenze ein göttliches Geschenk der Liebe.

Und darum gibt es auch Grenzen, die eine Trennung eher aufheben als bewirken. Die Philosophin Simone Weil erklärt das mit dem Bild von »zwei Gefangenen in benachbarten Zellen, die durch Klopfzeichen gegen die Mauer miteinander verkehren. Die Mauer ist das Trennende zwischen ihnen, aber sie ist auch das, was ihnen erlaubt, miteinander zu verkehren. Das Gleiche gilt für uns und Gott. Jede Trennung ist eine Verbindung.«

Der, mit dem man um die Grenze streitet, oder der, der unsere Grenze achtet, ist besonders eng mit uns verbunden und nah. Der Nächste als meine Grenze offenbart mir etwas über mich.

Näher kann man sich nicht kommen. 🍏

Bist du der Gärtner?

oder Die Auferstehung der Seele

*In jedem Menschen liegt ein verborgener Garten,
der mit göttlicher Geduld gepflegt werden muss.*
ALTE INSCHRIFT

Gärten sind wunderbare Räume, die unsere Seelen beflügeln und inspirieren, trösten und aufbauen können. Man braucht nur ein paar Minuten die Augen zu schließen und schon entsteht ein ganz persönliches inneres Gartenbild mit Bäumen, Blumen, Wasser und Wegen, das uns guttut und zum Verweilen einlädt. Nur einer taucht seltsamerweise nicht sofort auf – der Gärtner und Hüter dieses wunderbaren Ortes. Das ist auch dem Mystiker Dschelaleddin Rumi aufgefallen: »Demjenigen, der sich darauf beschränkt, den Garten zu bewundern, bleibt das Gesicht des Gärtners vorenthalten.« Sein versteckter Rat lautet also, sich auf die Suche nach dem Gärtner zu machen.

Für einen Mystiker ist klar, wie man das macht. Man kann im inneren Garten der Seele den darin waltenden Gärtner an den Früchten erkennen, die er gesät hat. Vor allem hat er die Liebe ausgesät. Und dazu das Verlangen nach dieser Liebe. Wenn ihm diese Liebe fehlt, leidet der Mensch. Ein Mensch, der leidet, wird früher oder später den Gärtner seiner Seele vermissen. Ob er ihn aber erkennen kann, wenn er ihm begegnet, ist die andere Frage.

Der Evangelist Johannes hat in seinem mystischen Evangelium (20,11–18) diesen Moment festgehalten. In einem Garten begegnet Maria aus Magdala vor dem leeren Grab dem auferstandenen Jesus. Maria weint um den Menschen, der ihr Gott nahe und ihre Seele zum Blühen gebracht hat. Ihr Verlust und ihr Schmerz sind groß. Da begegnet ihr Jesus, der Auferstandene, und fragt sie, warum sie weint. Maria erkennt ihn nicht. Sie hält ihn für den Gärtner.

Die meisten theologischen Kommentare zu dieser Szene heben dieses völlige Verkennen hervor. Als ob es um eine polizeiliche Gegenüberstellung ginge! Ich glaube dagegen, dass Maria von Magdala keine Verwechslung unterlaufen, sondern ein spiritueller Quantensprung gelungen ist. In ihrer spontanen Vermutung verbirgt sich bereits die entscheidende Erkenntnis für ein neues Gottesbild. Der Einzige, der Maria Magdalena in dieser für sie völlig undurchsichtigen Situation im verlassenen Garten jetzt noch helfen kann, ist der Gärtner. Intuitiv ruft ihre Seele den Gärtner um Hilfe an. Das führt sie zu einer Erfahrung, der wir in der Mystik immer wieder begegnen. Ihre unbeschreibliche Sehnsucht und Liebe zwingt den Auferstandenen, sich ihr zu offenbaren. In den Worten von Francisco de Osuna: »Die Seele nimmt Gott gefangen und fesselt ihn mit den Banden der Liebe, denn Gott vermag sich der Liebe nicht zu entziehen.«

Bis auf den heutigen Tag kann man bei verwirrenden und leidvollen Erfahrungen im eigenen Seelengarten nichts Sinnvolleres tun, als den inneren Gärtner um Hilfe zu bitten. Die englische Mystikerin Juliana von Norwich rief direkt dazu auf, in Krisenzeiten selbst auf die Gärtner-Ebene zu wechseln: »Sei ein Gärtner. Grabe und hacke, mühe dich und schwitze, wende die Erde um und suche die Tiefe, wässere die Pflanzen beizeiten. Führe diese Arbeit fort und lasse süße Fluten fließen und edle Früchte in Fülle entspringen. Nimm diese Nahrung und diesen Trunk und trage ihn zu Gott als deine wahre Anbetung.«

Hacken, umgraben, in die Tiefe gehen, das ist mühevolle, aber auch heilsame, therapeutische Arbeit. Im antiken Denken waren die Vorstellung von Gottesdienst, Heilung und Kultivierung eines Gartens eng verknüpft. Das griechische Verb *therapeuo* wurde für »heilen«, »pflegen«, »freundlich behandeln«, »gut versorgen«, »Gott dienen« oder eben auch im entsprechenden Kontext für »den Boden pflegen« verwendet. Der Gärtner ist der Therapeut und der Garten ist der Ort der Seelenpflege, der Heilung und Gotteserkenntnis.

Wie bei Maria Magdalena ist es oft ein schrittweiser Erkenntnisprozess, der durch den Schmerz hindurch zu einer neuen, höchstpersönlichen Begegnung mit dem göttlichen Gärtner führen und zum Wendepunkt eines Lebens werden kann. Im Garten der eigenen Auferstehung aus Schmerz und Leid kann man getröstet aufatmen – die Liebe ist nahe. So nahe, dass wir sie in uns tragen und bei jedem Atemzug spüren. Dann sind wir in unserem Garten der Liebe angekommen, in dem wir ewig lieben können. Die Liebe ist der innere Gärtner unserer Seele und aller anderen. Und ihre Botschaft, mit Rumis Worten, heißt: »Nur wenn wir ineinander atmen, kann ein Garten entstehen.« 🌱